OS 7 PORTAIS DA CABALÁ NOS NEGÓCIOS

A CABALÁ
NOS NEGÓCIOS

Os 7 portais da Cabalá nos negócios

1ª edição: Agosto 2025

Autor:
Rav Sany

Preparação de texto:
Gabrielle Carvalho

Revisão:
Patricia Alves Santanta
Rebeca Michelotti

Projeto gráfico:
Jéssica Wendy

Capa:
Bruno Ortega

Fotos:
João Passos

Impressão:
Plena Print

DADOS INTERNACIONAIS DE CATALOGAÇÃO NA PUBLICAÇÃO (CIP)

Sany, Rav
Os 7 portais da Cabalá nos negócios : os segredos da mentalidade judaica para o sucesso na vida pessoal e nos negócios /
Rav Sany. — Porto Alegre : Citadel, 2025.
144 p.

ISBN 978-65-5047-651-9

1. Desenvolvimento profissional 2. Negócios 3. Sucesso
4. Desenvolvimento pessoal 5. Judaísmo I. Título

25-2401 CDD - 650.1

Angélica Ilacqua - Bibliotecária - CRB-8/7057

Produção editorial e distribuição:

CITADEL Grupo Editorial
contato@citadel.com.br
www.citadel.com.br

RAV SANY

OS 7 PORTAIS DA CABALÁ NOS NEGÓCIOS

Os segredos da mentalidade judaica para o sucesso na vida pessoal e nos negócios

CITADEL
Grupo Editorial
2025

SUMÁRIO

PREFÁCIO

Conheci profundamente a sabedoria judaica há alguns anos, quando um grande amigo me apresentou ao livro que ele considerava o maior manual de sabedoria já escrito: Provérbios, obra daquele que foi o homem mais próspero e sábio da história – o Rei Salomão. Desde então, minha vida mudou radicalmente.

Durante anos, dediquei-me a pesquisar famílias afortunadas, conversando pessoalmente com diversos bilionários brasileiros e internacionais. Ao entrevistá-los, percebi algo impressionante: cada princípio valioso compartilhado por esses grandes empresários já havia sido registrado, há milênios, justamente no Livro de Provérbios.

Aprofundar-me em Provérbios abriu minha mente para uma sabedoria ainda mais ampla: a da tradição judaica como um todo. Desde então, fundamentei minha filosofia de investimentos e minha visão de vida em princípios judaicos, encontrando nesses ensinamentos uma fonte inesgotável de inspiração, equilíbrio e prosperidade.

Nessa trajetória, tive o privilégio de viajar algumas vezes a Israel, retornando sempre com novas reflexões. A cada visita, minhas convicções se fortaleciam ao perceber como a clareza espiritual e a sabedoria milenar judaica influenciam diretamente no sucesso pessoal e empresarial.

Nessa caminhada, também tive a felicidade de encontrar pessoas que enriqueceram profundamente minha vida. Uma delas é o Rav Sany. Estar ao seu lado é sempre uma experiência renovadora. Sua presença é marcante não apenas pelo conhecimento profundo, mas também pela maneira leve e otimista com que ele encara cada desafio. Quando estou perto dele, percebo que o otimismo e a positividade são contagiantes, capazes de criar um ambiente onde tudo parece possível. Seu jeito único de ser influencia positivamente quem está ao seu redor, e comigo não foi diferente.

Seja em minhas viagens a Israel ou nas inúmeras conversas que tive com o Rav Sany, sempre voltei mais confiante e inspirado. É por isso que acredito profundamente no poder deste livro: porque ele reúne a sabedoria judaica aplicada aos negócios com o toque especial de um homem que não apenas ensina, mas vive na prática o que prega.

Prepare-se para essa leitura transformadora e não se surpreenda se, ao final, você perceber que seu maior objetivo não é apenas acumular riqueza material, mas alcançar uma prosperidade verdadeira – profunda, duradoura e com significado. Aquela que transcende o tempo e se converte em um legado autêntico.

Boa leitura,

– Thiago Nigro
Fundador do Grupo Primo

CONVERSA INICIAL

Ninguém consegue comer pipoca o dia inteiro sem ficar entediado. Mas dinheiro? Em todo lugar, as pessoas estão sendo engolidas por suas carreiras. Elas, por vezes, já têm o que seria o bastante, mas almejam mais: "Eu tenho um milhão de dólares, mas quero dez milhões". E por quê? Porque dinheiro é um símbolo de prazer. Ele tem o fascínio de prometer tudo. Claro que você precisa trabalhar para colocar comida na mesa, mas trabalhar *demais* pode acabar com você.

É preciso estar ciente do anseio por dinheiro e procurar controlá-lo. Isso inclui tomar decisões conscientes sobre prioridades: dada a chance de sair do escritório uma hora mais cedo para passar mais tempo com sua família, o que você escolhe? Dada a opção de ser rico ou sábio, qual você tomará?

Não é incomum que, nesses cenários, a escolha feita indique que a prioridade é o dinheiro. Nós o buscamos com mais zelo, pois ele é mais real para nós. A chave é pegar essa motivação pelo dinheiro e aplicá-la aos aspectos mais significativos da vida: relacionamentos e espiritualidade. Se o seu negócio vale a pena, então certamente o seu "Eu Ltda." também vale. Lide com você mesmo como se fosse um grande negócio. Examine como você se esforça para ganhar um real e busque sabedoria com esse mesmo empenho. Aplique princípios de negócios à vida.

Para competir no mercado, uma empresa precisa funcionar com eficiência máxima. Imagine um trabalhador que dá dez passos para girar um parafuso, quando ele poderia ter feito isso em dois. Multiplique isso por mil funcionários que trabalham oito horas por dia, e temos uma perda enorme. Na sua vida, a mesma ideia se aplica: quando você acorda de manhã, onde estão seus sapatos? Se você não for organizado, pode desperdiçar cinco minutos por dia procurando por eles. Quanto tempo da sua vida você já gastou sendo um caçador de sapatos? Quanto mais vai gastar?

Se isso fosse um negócio, você criaria um sistema de arquivamento e teria uma pasta com o rótulo: "Sapatos". Então, faça o mesmo aqui, designe um lugar para colocar seus sapatos todos os dias. Aplique isso a todas as suas atividades. Você tem uma consulta médica chegando? Leve algo produtivo para fazer na sala de espera. Caso contrário, você estará jogando fora uma hora da sua vida. Na sua empresa, você sabe que cada minuto é precioso: se estiver lidando com clientes do outro lado do mundo, trabalhará em horário não comercial; se estiver ávido a fechar um negócio, ficará no escritório até meia-noite lidando com os detalhes. Você sabe que os clientes precisam poder confiar em você. E a sua vida nada mais é do que um grande negócio. Organize-se. Controle seu tempo. Comprometa-se com a meta. Assim, você terá menos estresse e realizará mais.

No mais, fazer esse comprometimento implica conseguir ver sua meta lá na frente, sabendo que você não chegará a ela de imediato. Imagine que alguém vem se matricular como calouro na universidade e pergunta: "Quando vou receber o pagamento?". A resposta óbvia seria: "Como assim? Você que tem que nos pagar!". E, nisso, o calouro dissesse: "Do que você está falando? Eu vim aqui para me tornar engenheiro e ganhar muito dinheiro!". Esse cara seria levado para o hospício. Todo mundo entende que, se você quer ser um engenheiro de sucesso, primeiro precisa aprender o negócio. E manter-se firme nesse aprendizado nem sempre é fácil, pois, na busca pela sabedoria, você pode ouvir boas informações e, mesmo assim, ficar desanimado. Certa vez, por exemplo, um mentorado me disse: "Rabino, participei de um seminário sobre como ganhar autoconfiança, mas não funcionou. No final dos noventa minutos, eu ainda não tinha autoconfiança". Contudo, nem no trabalho, nem na vida, o pagamento virá na hora. "Negócios" e "risco" andam de mãos dadas, tenho certeza de que você já sabe disso. É necessário estar disposto a correr riscos e a lidar com os custos do sucesso. Quantas vezes eu já ouvi: "O quê? Você está me dizendo para tirar um tempo para estudar a Torá? Nesta fase da minha vida?!". Há essa resistência, mas precisamos arcar com o custo de tempo para termos sucesso na vida.

Assim, não adianta tentar a sorte grande uma vez no jogo da felicidade e, ao falhar, dizer: "Não funcionou". Se for importante o suficiente, você tentará três, quatro, dez vezes. Se você puder ser feliz pelo resto da vida, vale a pena o investimento. Além disso, todos nós sabemos que, para ter sucesso nos negócios, você deve se manter atualizado sobre as tendências e inovações do setor. Da mesma forma, na vida, você tem de se manter atualizado com as últimas técnicas de sabedoria. Participe de seminários do seu setor. Leia livros. Faça cursos suplementares. Tudo isso o manterá crescendo e o manterá longe da ignorância e da apatia. Busque constantemente a sabedoria que exploraremos em breve nos portais.

Vou além: seja um "viciado" em sabedoria. Encontre um mentor para a sabedoria; escolha alguém que seja humilde, sábio e disposto a compartilhar sua fórmula pessoal para o sucesso. Escute o que essa pessoa tem a dizer, mesmo que não seja do seu agrado. Na sua carreira, analogamente ao ser subordinado, você obedecerá às tarefas desagradáveis que seu chefe lhe passar, pois sabe o quanto suporta em prol de progredir na carreira e, mais do que isso, sabe que seu salário e uma possível promoção dependem disso. Então, na jornada para alcançar níveis mais altos de prazer e sabedoria, não se deixe seduzir pela gratificação instantânea: esteja disposto a investir em treinamento, dedicação e autossacrifício, pois assim chegará mais longe.

Pode ser que, em algum ponto, você encontre alguém com quem divida ideais, mas logo descubra que não suporta essa pessoa. Nesse ponto, convido-lhe a pensar: se um cliente desagradável entrar em sua loja, você o expulsaria? Claro que não. Ele vai lhe ajudar a lucrar e, portanto, não precisa ser a alma mais charmosa do mundo. Com o retorno correto, podemos lidar com praticamente qualquer coisa. Portanto, se uma pessoa chata entrar na sua vida, deixe de lado a animosidade pessoal, esqueça se gosta dela ou não. O que importa de fato é como vocês podem forjar um relacionamento para compartilharem sabedoria. Aprenda a lidar com todos os tipos de pessoas, e muitas oportunidades surgirão em seu caminho.

A Torá na Ética dos Pais (capítulo 4 Mishná 1) em nome do sábio Ben Zomá eternizou que o verdadeiro sábio é aquele que aprende com todas as criaturas.

Por último, um ponto que eu gostaria que você fixasse desde o começo é: um negócio bem-sucedido desenvolve planos tanto de curto quanto de longo prazo e, mais importante ainda, sabe diferenciá-los muito bem. Eles não dizem: "Ei, vamos abrir uma fábrica na China. Precisamos que alguém vá até lá comprar um prédio". Não. Primeiro, passam meses pesquisando o mercado de lá. De onde vêm as matérias-primas? Qual é o mercado de trabalho? Quais são os impostos e custos de exportação? Só depois de tudo isso resolvido, começam os preparativos para abrir a fábrica de fato. De igual modo, uma boa vida exige um bom planejamento, porque, se você não conhece seu destino, nunca chegará lá. Seja o destino do futuro distante ou o do dia seguinte. Assim, no curto prazo, você precisa saber como vai passar o amanhã:

- Que horas você vai acordar?
- Como vai reenergizar seu corpo com o almoço?
- Como vai nutrir sua alma espiritual?

Já a médio e longo prazo, se você quiser ser uma pessoa bem-sucedida, precisa fazer planos para daqui um a cinco anos. O que você deverá alcançar para que, quando olhar para trás depois de cinco anos, sinta que deu tudo certo, que foi um sucesso? É crucial se concentrar nesses planos e sobretudo entender que eles não são estáticos: devem ser constantemente revisados, atualizados e modificados. Para tanto, sempre mantenha seu olhar nas questões maiores. Pergunte a si mesmo: "Quando tudo estiver dito e feito, o que eu realmente quero? Qual é o máximo? O portfólio de ações de um milhão de dólares ou um relacionamento profundo com minha família e com D'us?".

Portanto, saiba priorizar seus prazeres. Dê valor a cada um deles, mas tenha em mente qual é o mais importante. Você prefere jantar comida japonesa ou economizar para chegar à sua meta financeira? Prefere constituir família ou permanecer solteiro a vida toda? Não podemos experimentar todos os prazeres nesta vida, então não se iluda pensando que é isso que vai ocorrer com você. Se você esperar a conquista do seu primeiro milhão para só então ir atrás de ter uma família, pode ser tarde demais. Não é raro encontrar alguém que chegue aos sessenta ou setenta anos e diga: "Perdi muitas oportunidades excelentes, tive a chance de fazer algo significativo, mas adiei os planos". Então, priorize: essa é a maneira inteligente de tomar decisões.

É preciso também que você saiba os detalhes do que quer. Tal qual um CEO lê todas as letras miúdas de um contrato antes de assiná-lo, analisando como suas definições podem afetar o resultado almejado, você deve entender todas as minúcias de seus objetivos. A vida é muito curta para descobrir tarde demais que a direção que você seguia não o levaria ao destino desejado – tudo por causa de um detalhe ignorado. Leia as letras miúdas e defina seus termos: O que é felicidade para você? O que é prazer? Essa é a única maneira de garantir que você não se torne responsável mais tarde por uma quebra de contrato consigo mesmo.

Por último, mantenha uma contabilidade. Os negócios podem subir e cair no departamento de contabilidade. Para ter lucro, os balanços devem estar em boa ordem e refletir os lucros e as perdas diários. Esse é o parâmetro que determina em qual direção o negócio navegará. Todos nós precisamos fazer uma prestação de contas, não necessariamente financeira. Ao fim do dia, pense: o que você conquistou hoje? O que perdeu? Todas as noites, antes de ir para a cama, reveja os eventos do dia e avalie os lucros e as perdas. No dia seguinte, verifique mais uma vez. Após um tempo, você notará que as perdas diminuíram e que, então, estará no caminho para se tornar um grande ser humano.

Lembra-se da busca por seus sapatos toda manhã? Ela deve fazer parte da sua análise e dos seus planos para o dia seguinte – seja porque você continuará procurando por eles ou porque vai implementar uma solução para esse problema. Como você acordou? Bem-humorado e descansado ou rabugento, resmungando enquanto cambaleia até o chuveiro? Inclua isso também em sua análise e seu planejamento. E uma dica: esteja determinado a começar bem seu dia. Agradeça pela vida logo ao acordar. Pule da cama e, em dois minutos, você estará vestido e pronto para sair. É ótimo estar vivo!

Eu recomendo que você já comece sua análise e seu planejamento, e o faça por escrito. Desde já, coloque seus sapatos no lugar certo. Aqui estão algumas perguntas que você deve se fazer:

* O que conquistei hoje?
* Eu consegui atingir o que pretendia?
* Como vou melhorar para amanhã?
* Quais são meus pontos fortes e fracos?
* Qual foi meu lucro? Qual foi minha perda?
* Até que ponto cheguei em meus objetivos de longo prazo?
* O que está me impedindo de crescer?

Seja determinado e mantenha o foco. Seu bem-estar emocional e espiritual merece isso. Grandes negócios dependem do controle de qualidade. Como isso se traduz para você?

A meu ver, na vida enfrentamos desafios, aborrecimentos e ansiedades, mas precisamos saber lidar com isso. Pessoas que passam por constantes mudanças de humor, deixando-se afetar profundamente por esses contratempos, têm maior dificuldade para atingir objetivos e manter relacionamentos. O segredo é permanecer em equilíbrio.

Não permita que seu nível de desempenho mude toda vez que você se deparar com um problema. Comece a lidar com isso pensando em algo simples: a que horas você acorda de manhã? Às vezes às seis, às vezes às sete, às vezes às oito? Defina um horário fixo, assim você não ficará ansioso para honrar um dia e dormir até tarde no outro e conseguirá estabelecer uma rotina.

No mais, coloque em sua mente que pessoas de negócios têm sucesso ao superar pequenos obstáculos. Se um CEO tem dor de cabeça ou resfriado, você acha que ele fica na cama ou vai à reunião do conselho mesmo assim? Da mesma forma, na vida, cada momento é uma chance de crescer, de colher oportunidades, de melhorar a qualidade da sua vida, esteja você com vontade ou não.

Assim, quando estiver sem ânimo para fazer algo, esforce-se para superar o obstáculo. Exerça controle de qualidade sobre sua vida. Garanta que tudo o que você fizer nunca ficará abaixo do padrão de suas habilidades e objetivos.

Aqui está uma pequena lista de características necessárias para o sucesso:

- Assertividade;
- Consistência;
- Determinação;
- Eficiência;
- Orientação por objetivos;
- Honestidade;
- Lealdade;
- Abertura a críticas;
- Otimismo;

* Organização;
* Paciência;
* Confiabilidade;
* Autoestima;
* Autodisciplina
* Senso de humor;
* Trabalho em equipe;
* Tolerância.

Além disso, você deve saber investir a longo prazo. Afinal, um negócio não pode descansar sobre os louros. Eventualmente, um concorrente aparecerá com um produto melhor e mais barato. É por isso que um negócio bem-sucedido investirá em pesquisa e desenvolvimento para permanecer na vanguarda.

Você também precisa dedicar tempo "pesquisando e desenvolvendo" melhores técnicas de vida. Não se deve chegar a um ponto em que você estará "feliz o suficiente". É importante sempre estar em busca de mais. Imagine um investidor propondo para a General Motors: "Tenho muito a oferecer: US$ 200 milhões neste ano", mas recebendo como resposta um "Não, obrigado. Já estamos ganhando dinheiro suficiente".

Assim, ao investir, um empresário sábio foca mais lucros de longo prazo do que de curto prazo. Às vezes, os custos iniciais são altos e, por alguns anos, o negócio ficará no vermelho. Mas, se for um bom investimento, você pode esperar grandes lucros no futuro. Ao fazer um investimento, sempre leve em conta também o retorno vitalício. Quanto mais profundos forem os objetivos que você busca, mais duradoura será a alegria. Tome por exemplo os resultados obtidos se você passar dez horas aprendendo a ser feliz: você será um amigo melhor, um pai melhor, um cônjuge melhor, um funcionário melhor.

Aprecie o que isso vale na totalidade. Pode parecer que você já "tenha tudo": um casamento forte, filhos maravilhosos, um negócio próspero. Mas não pare por aí. Torne esses prazeres mais profundos e amplos. Existem maneiras de ajudar sua comunidade? Você poderia melhorar a educação do seu filho? A lei da física diz: se não está crescendo, está se deteriorando. Então, não fique "satisfeito" com seu nível atual. Sempre procure novas maneiras de crescer.

Contudo, antes de tomar qualquer decisão importante na vida, como mudar para uma nova cidade, casar ou escolher uma carreira, certifique-se de fazer uma análise completa da viabilidade a longo prazo. Tal qual uma empresa que, antes de lançar um novo produto, realiza meses de pesquisa para determinar os custos gerais, a comercialização e o potencial de lucro. Teste suas ideias no mercado. Não presuma que seu ponto de vista está correto. Compartilhe seu plano com os outros. Reúna um "grupo de foco", um pequeno núcleo representativo de pessoas que responderão honesta e abertamente. Troque ideias e peça contrapontos a elas.

O *feedback* permitirá que você saiba se está no caminho certo. O CEO de uma grande empresa aceitará de bom grado até o conselho de um zelador se isso puder ajudar a tornar o negócio mais lucrativo. No entanto, o mesmo CEO pode rejeitar o conselho de sua própria esposa. No mundo dos negócios, você perde se não aceitar críticas construtivas. O mesmo vale para a vida. Esteja aberto a sugestões. No pior dos casos, você sempre pode escolher ignorá-las.

No mais, certa perspicácia empresarial é particularmente relevante para pequenas empresas. Por exemplo: controle de estoque. Você já foi a uma loja de ferragens e, ao perguntar por algum produto, recebeu como resposta do dono: “Espere, deixe-me procurar na minha lista”? De jeito nenhum! O dono de uma pequena empresa tem um talento incrível para saber seu estoque. Mesmo que haja cinco mil itens na loja, ele sabe a localização exata e o preço de cada um.

De mesmo modo, mantenha o controle de todos os seus recursos. Conheça seus pontos fortes, fracos, talentos e habilidades. Faça uma lista e anote-os. Isso é essencial para tomar decisões sábias sobre carreira e relacionamentos. Você não quer estar há vinte anos na estrada e descobrir que negou uma parte essencial de quem você é. Isso é garantir uma crise de meia-idade.

Se não tiver certeza, descubra. Pergunte a um amigo de confiança ou fale com um orientador de carreira. Então, quando a oportunidade bater à porta, você estará pronto para responder.

A motivação de uma pessoa nos negócios é um grande indicador de como ela pode ter sucesso na vida pessoal. O mesmo D’us que lhe deu os meios para ser esperto nos negócios também lhe deu os meios para se tornar um grande ser humano. O

Midrash (*Tana devei Eliiahu*) conta a história do Profeta Elihau Hanavi (Elias) encontrando-se com um pescador.

"Você estuda a Torá?", perguntou Elihau. "Não", respondeu o pescador, "sou apenas um homem simples. Não sou dotado de nenhuma medida de talento ou inteligência. Não consigo entender a Torá. É culpa do Todo-Poderoso!".

Elihau então perguntou: "Diga-me, como você prepara sua rede de pesca?". "Bem", disse o homem, "na verdade, é bem complicado. Primeiro, eu tenho que selecionar a corda de calibre adequado, e então eu teço a rede em um padrão particular para garantir que ela tenha o equilíbrio adequado de força e flexibilidade. É uma ciência completa". "Como você faz para pegar os peixes?", perguntou Elihau. "Ah, isso também é muito complexo. Há muitos fatores envolvidos, como a estação do ano, hora do dia, tipo de peixe e localização. Também levo em conta a profundidade da água, a temperatura e a velocidade da corrente. Passei anos dominando essas técnicas e consigo ganhar uma boa vida com minha pesca".

Então, Elihau disse: "Quando você chegar ao céu, planeja alegar que não estudou a Torá porque é apenas uma pessoa simples, não dotada de nenhum talento ou inteligência. Todo mundo tenta essa defesa. Mas você é um pescador bem-sucedido! Suas ações desmentem sua alegação. Você tem o que é preciso para ser grande".

Às vezes, todos nós caímos em um modo de autopiedade. Achamos que, apenas se tivéssemos entendido como fazer, poderíamos ter conseguido mais, ter sido pais melhores, cônjuges mais carinhosos. Julgamos que D'us não nos deu as ferramentas certas. Mas, no fundo, temos consciência de que a sabedoria é mais importante que dinheiro. A verdadeira questão é: após adquirir todos esses tokens, como você deve gastá-los?

Você não pode comprar amor. Não pode comprar felicidade. O dinheiro tem de ser transferido para algo significativo. Portanto, assuma o compromisso. Quando você minimiza os negócios como um fim e maximiza o crescimento, está fazendo uma declaração sobre o que realmente importa.

Reflita comigo: se você consegue trabalhar duro para ganhar dinheiro, pode trabalhar pelo menos o mesmo para ter uma vida ótima. Afinal, os maiores prazeres exigem os maiores investimentos. Então, valorize seu tempo e invista-o corretamente, pois ele é seu bem mais precioso neste mundo, e o que faz você ter sucesso nos negócios fará você ter sucesso na vida. Além disso, ninguém jamais disse em seu leito de morte: "Gostaria de ter passado mais tempo no escritório".

Bom, depois de nossa conversa inicial, eu imagino que você esteja ansioso para receber as chaves que abrem os sete portais e mergulhar comigo de cabeça nesta jornada rumo à sua verdadeira prosperidade na vida e nos negócios.

Sejam muito bem-vindos!

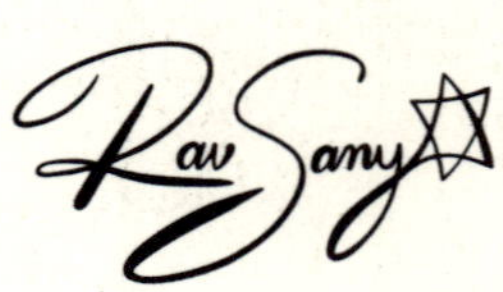

1º PORTAL

MI ANI? QUEM SOU EU?

É essencial que você se pergunte quem é. Vamos definir, de uma vez por todas, a nossa verdadeira essência. Conforme a Cabalá milenar judaica, nossa essência verdadeira é a nossa alma, que possui uma estrutura diferenciada e é composta por três partes: *Néfesh*; *Ruach*; e *Neshamá*. Ao compreendermos melhor nossa alma, seremos capazes de extrair disso nossas melhores qualidades, dons e ferramentas que nos levarão, se bem aplicadas na vida e também nos negócios, à verdadeira prosperidade, que nada mais é do que fruto do sentido que damos ao que fazemos e compartilhamos com o mundo.

Esse entendimento permite alcançar resultados extraordinários, deixar um legado e causar impacto não apenas na nossa vida e na de nossos familiares, mas também na sociedade como um todo.

O PODER DA HUMILDADE

A vida é feita de escolhas, e o fato de você estar aqui, lendo este livro, já demonstra que tomou uma decisão importante para o seu crescimento. A Cabalá analisa toda a natureza e o nosso ecossistema por meio de quatro reinos: *Domêm*, o reino mineral, que aparentemente não possui vida perceptível, mas tem existência própria; *Tsomêach*, o reino vegetal, no qual a vida se manifesta de forma visível e perceptível; *Chai*, o reino animal, em que a vida é mais evidente e ativa; e *Medaber*, o reino humano. Aqui, a Cabalá não se refere ao ser humano apenas como um "animal racional", mas sim como *Medaber*, que em hebraico significa "aquele que fala". Portanto, é a comunicação que nos difere dos outros reinos e nos torna únicos. E essa comunicação não é algo trivial – ela é um dom divino, algo que D'us soprou dentro da nossa essência.

Logo no início da Torá, encontramos um trecho crucial: "*Vayomer Elo-him*", "E disse Elo-him" (um dos nomes do Eterno, manifestando-se por intermédio da criação), "*Naasê Adam be Tsalmeinu kidemutêinu*", "Façamos o homem à nossa imagem e semelhança". Mas espere... "*Façamos* o homem"? Se o judaísmo é monoteísta, por que está no plural? Será que há mais de um Criador? Veja bem, a Torá não deve ser interpretada de forma literal. Por isso, Rashi, o maior comentarista da Torá, explica que essa escolha de palavras foi feita para nos ensinar um princípio fundamental: a humildade. Mesmo que D'us tenha total autonomia para criar o homem sozinho, Ele usou o plural "compartilhando" a decisão com seu exército de anjos para nos ensinar esse valor essencial.

Ser humilde é importante não apenas para sua espiritualidade no geral, mas também na vida corporativa. Certa vez, dando uma mentoria individual na sala de um CEO que fatura R$ 10 bilhões por ano, eu aproveitei e perguntei para ele qual fora a maior lição que seu pai, o precursor do império que construíram, havia lhe ensinado. Ele não precisou pensar para responder e disse: humildade.

Mesmo que você tenha o controle total sobre seu negócio, seja enquanto CEO ou presidente do conselho de uma empresa, isso não significa que deva agir sozinho. A humildade no processo de decisão é um pilar para a construção de um legado sólido, bem como as boas maneiras nos tratos com outros. Assim, compartilhe suas decisões com seu grupo, pois esse é um modo de demonstrar tal virtude, gerar carisma e fortalecer o vínculo com sua equipe, tornando-a mais fiel e comprometida com seu propósito.

Quando D'us diz "façamos", Ele nos ensina uma grande lição para aplicarmos em nossos negócios, projetos e empreendimentos: compartilhe sua decisão e escute opiniões. Nunca sabemos de onde ou de quem virá um *insight* valioso. Todos conhecem o episódio do empresário Ferruccio Lamborghini que sugeriu a Enzo Ferrari que o carro da Ferrari tivesse uma embreagem mais robusta e acabamento interno mais confortável. No entanto, a resposta de Enzo Ferrari foi completamente arrogante, sugerindo que Lamborghini não entendia nada de carros esportivos e que deveria voltar a fabricar tratores. Assim, ele mesmo plantou a rivalidade e a concorrência para sua própria marca, pois perdeu a oportunidade de ser humilde e trazer um grande parceiro criativo ao seu negócio. Sua arrogância falou mais alto ao afirmar que Lamborghini não entendia de automóveis e, se não estivesse satisfeito com os carros Ferrari, que fizesse algo melhor.

Há, contudo, algo ainda mais profundo que podemos extrair desta passagem: "*Naasê Adam Betsalmeinu*" – "Façamos o homem à nossa imagem". Já entendemos por que o plural é utilizado e que não há múltiplos criadores, há apenas um Criador, conforme a passagem "*Shema Yisrael, Adonai Eloheinu, Adonai Echad*" – "Escuta, Israel, o Eterno é nosso D'us, o Eterno é um". Mas o que significa "*Betsalmeinu*" ou "à nossa imagem"? Aqui entra o primeiro portal: *Mi Ani?* Quem sou eu? A nossa verdadeira essência não é o reflexo no espelho.

OS TRÊS NÍVEIS DA ALMA

Nosso corpo é apenas uma vestimenta. Quando Hashem, o Eterno, fala "*Betsalmeinu*", Ele está nos revelando o pilar do sucesso na vida. A mesma Torá enfatiza: "*Vaipach be apô nishmat chaim*", ou seja, "D'us soprou em nós a alma que nos deu a vida". O *Zohar*, a principal obra da Cabalá, ensina: "*Man denafach, midilei nafach*" – "Aquele que sopra, sopra de dentro de si". Isso significa que a nossa essência é um sopro divino, uma partícula do Todo-Poderoso.

O *Nefesh Hachayim*, outro grande livro da Cabalá, explica que a palavra "semelhança" não se refere à aparência física, mas às características divinas que carregamos dentro de nós. E conhecê-las é essencial para liberar o verdadeiro poder da nossa alma, potencializar nossas habilidades e direcionar nossas forças para o que realmente importa. Voltemos, portanto, à anatomia da alma e suas três partes:

Néfesh – é o nível mais básico, que dá vitalidade ao corpo. Todos os seres vivos possuem *Néfesh*. A Torá diz: "*Ki ha'dam hu ha'nefesh*" – "Pois o sangue é a vida". Por isso, na tradição judaica, a carne deve ser salgada e preparada sem sangue. O *Néfesh* está no sangue e representa a vitalidade física. Se tivéssemos apenas o *Néfesh*, seríamos iguais aos animais, pois ele é apenas o motor da existência biológica.

Ruach – é o segundo nível da alma, que nos diferencia dos animais. O *Ruach* está ligado à comunicação e à fala. E, segundo a classificação dos reinos da natureza na Cabalá – *Domêm* (mineral), *Tsomêach* (vegetal), *Chai* (animal), *Medaber* (o ser humano, o falante) –, nosso poder de comunicação é Divino. Quando a Torá nos ensina que o Eterno soprou em nós a alma que nos deu a vida, Onkelos, que foi um dos grandes sábios de nossa literatura e traduziu a Torá para o aramaico, interpretou a essência de nossa alma como "*Ruach Memalmela*" – "um espírito falante". Ou seja, nossa voz vem da segunda parte de nossa alma, que é o *Ruach*, e não apenas do corpo físico. A comunicação é essencial para a vida pessoal e empresarial. Sem ela, não podemos expressar ideias, materializar pensamentos, dar vida a eles ou influenciar positivamente o mundo. E esse superpoder da comunicação vem do espírito divino e não do corpo físico.

Neshamá – é o nível mais elevado da alma. A *Neshamá* está conectada à mente, ao intelecto e aos pensamentos. A Cabalá ensina que pensamento e fala estão interligados e, portanto, assim também estão *Ruach* e *Neshamá*, pois a comunicação é a materialização dos nossos pensamentos. Seus pensamentos, bem como o modo que você os materializa, definem sua realidade. Se você tem uma ideia brilhante, mas não a comunica, ela nunca existirá no mundo. Da mesma forma, se alimentar e comunicar pensamentos negativos, isso afetará sua saúde, seus negócios e sua vida. A literatura judaica afirma: "*Sof ma'ase be'machashavá techila*" – "Tudo que é realidade um dia foi pensamento". O que você pensa hoje molda seu amanhã.

OS QUATRO MUNDOS ESPIRITUAIS

A Cabalá explica que existem quatro mundos espirituais: *Olam Há'Assiyá*, o mundo da ação; *Olam Há'Yetzirá*, o mundo da formação; *Olam Há'Briá*, o mundo da criação; e *Olam Há'Atsilut*, o mundo mais elevado, da essência divina.

Nosso mundo físico pertence ao *Olam Há'Assiyá*, o mundo da ação. Aqui criamos, realizamos e construímos nossa realidade. Não há criação no pós-vida. Tudo que deixamos de fazer não poderá ser corrigido depois. O *Olam Ha'Atsilut*, o mundo mais elevado, está conectado à nossa *Neshamá* e ao nosso pensamento. Por isso, qualquer deficiência em nossos dons espirituais vai refletir diretamente em nossa saúde física.

Quantas pessoas já vi adoecerem por se deixarem levar por maus pensamentos? Quantas empresas quebraram em razão de sócios desencorajados, ambientes negativos e pessoas vazias e distantes do seu real propósito na terra? O primeiro portal, *Mi Ani?*, pretende fazer com que você se conscientize de sua essência, à imagem e semelhança do criador, e perceba que seus pensamentos são sua maior ferramenta de criação. Se sua mente estiver alinhada, sua comunicação será clara. Se sua comunicação for clara, suas ações serão eficazes. Se suas ações forem eficazes, seu legado será eterno.

O fracasso nasce
de pensamentos limitantes.
A prosperidade nasce da
mentalidade correta.

Rav Sany

O PODER DO PENSAMENTO

O psicólogo e economista Daniel Kahneman, em uma de suas palestras, falou de uma pesquisa realizada na década de 1990, na qual dois pacientes foram submetidos a uma colonoscopia.* O exame do paciente A foi mais curto e, portanto, ele objetivamente sofreu menos, porém o procedimento foi finalizado em um dos picos de dor. O exame do paciente B foi mais longo, de maneira que ele sentiu a mesma dor do paciente A e mais um pouco, porém o exame foi finalizado em um momento de pouca dor.

Quando questionados sobre quanto sofreram durante o exame, a lógica inicial seria que o paciente B sofreu mais, pois foi submetido à dor por mais tempo, certo? Negativo. O paciente A relatou uma memória pior da colonoscopia, pois, como seu exame terminou em um pico de dor, ele teve a impressão de que sofreu mais, e esse pensamento moldou sua percepção da realidade.

Isso mostra que não vivemos a realidade como ela é, mas sim como a interpretamos. Nossa visão é subjetiva, e temos, sim, o poder de interpretar a realidade. Seus pensamentos moldam sua percepção, sua emoção e suas decisões. Aprenda a dominar esse superpoder divino, a *Machshavá* (o pensamento), que se

* KAHNEMAN, D. Daniel Kahneman: O enigma da experiência x memória. **TED**, fev. 2010. Disponível em: https://www.ted.com/talks/daniel_kahneman_the_riddle_of_experience_vs_memory?utm_campaign=tedspread&utm_medium=referral&utm_source=tedcomshare. Acesso em: 15 mar. 2025.

materializa pela força do *Ruach* com nossa comunicação e nos diferencia de toda a criação.

Pessoas que cultivam pensamentos negativos e ambientes tóxicos acabam atraindo fracassos. Em contrapartida, pessoas que desenvolvem uma mentalidade forte e positiva criam prosperidade. Um propósito bem definido é a semente de todas as grandes realizações. Sem ele, a vida se torna um barco à deriva, levado pelos ventos dos outros, sem rumo próprio.

Ter propósito não é apenas saber aonde se quer chegar, mas entender por que se está caminhando. Quem vive sem essa clareza se torna vulnerável às opiniões alheias, aos ciclos de desânimo e aos padrões de autossabotagem. Já quem descobre seu propósito se transforma em uma fonte de energia criadora, capaz de resistir às tempestades e manter o leme firme, mesmo quando os ventos são contrários. O pensamento molda a realidade, e o propósito direciona essa força. Portanto, cultivar pensamentos elevados e alinhar-se com uma missão clara é o caminho seguro para transformar a própria vida e impactar o mundo com significado.

Viver sem propósito
é entregar-se ao acaso,
moldando-se ao ambiente
sem firmeza, como um
corpo sem espinha dorsal.

Rav Sany

Quem não define seu destino acaba caminhando pelas trilhas alheias, esquecendo-se de sua própria essência.

REFLEXÃO PARA SEU CRESCIMENTO

Responda para si:

1. Quais atividades do seu dia a dia têm realmente significado para você?
2. Você consegue identificar um ato no passado que veio da sua verdadeira essência?
3. Você já sentiu que faz parte de algo maior?
4. Se dinheiro não fosse uma preocupação, o que você continuaria fazendo?

AO FIM, *MI ANI?* QUEM SOU EU?

Este primeiro portal nos converteu por uma jornada de autodescoberta, desafiando-nos a refletir profundamente sobre uma das perguntas mais fundamentais da vida: *Mi Ani?*, ou seja, *Quem sou eu?* Entendemos que fomos criados à imagem e semelhança de D'us e que somos seres superpoderosos com dons divinos, energia criativa e ferramentas diferenciadas. Mas a verdadeira descoberta aqui vai além de apenas considerar o poder que temos. Ao compreender nossa essência divina, também entendemos que temos a responsabilidade de agir com sabedoria e intenção ao usar esses dons.

Agora que completamos nossa jornada pelo primeiro portal, estamos preparados para o segundo, o portal da Sabedoria. Você já sabe qual a verdadeira diferença entre inteligência e sabedoria? Vamos descobrir juntos, mas já posso te adiantar: a sabedoria não é apenas um acúmulo de informações. Ela envolve uma capacidade de discernir as verdadeiras implicações de nossas ações. Quando somos guiados pela sabedoria, somos capazes de navegar pelas complexidades da vida com calma e clareza e agir com paciência e estratégias certeiras.

Ao adentrarmos o segundo portal, nossa vida pessoal e o impacto que temos em nossos próprios negócios irão se expandir e prosperar de maneira peculiar. Esta jornada exige que nos afastemos das distrações do cotidiano e que nos dediquemos a buscar o conhecimento profundo, a autoconsciência e a reflexão constante para desbloquear nosso potencial máximo. Sorria com alegria e confiança. O melhor está por vir!

"

Quando somos guiados pela sabedoria, somos capazes de navegar pelas complexidades da vida com calma e clareza e agir com paciência e estratégias certeiras

Rav Sany

"

2º PORTAL

DÁAT
SABEDORIA

No primeiro portal, exploramos a pergunta fundamental: "*Mi Ani?*" – "Quem sou eu?". Agora, avançamos para o segundo portal, que nos levará a um dos pilares mais essenciais do sucesso: *Dáat* – Sabedoria.

A ORAÇÃO JUDAICA DIÁRIA E O PEDIDO PELA SABEDORIA

Nós, judeus, rezamos três vezes ao dia: pela manhã, rezamos a *Shacharit*, oração instituída por Avraham (Abraão); pela tarde, a *Minchá*, oração instituída por Yitzchak (Isaac); e, pela noite, a *Arvit*, instituída por Yaakov (Jacó). Em cada uma dessas orações, temos um momento de conexão profunda, um instante de reflexão e alinhamento com nosso propósito, nossa jornada e nossas prioridades.

A oração silenciosa (*Shemoné Esré – 18*, em hebraico) é composta por dezoito bênçãos e, entre elas, há uma que se destaca para mim – e também para um dos mais influentes líderes políticos de Israel, que, em uma conversa privada comigo, revelou que esta é sua bênção preferida entre as dezoito: "*Baruch Atá Hashem, Honen Ha'Dáat*" – "Abençoado és Tu, Eterno, que concede sabedoria". Se todos nós, integrantes do povo de Israel, pedimos sabedoria três vezes ao dia, isso significa que a sabedoria é uma peça-chave para o sucesso e a concretização de nossa missão na terra.

O PEDIDO DE SALOMÃO: A ESCOLHA DA VERDADEIRA RIQUEZA

Voltemos no tempo e relembremos um momento crucial na história: o diálogo entre o Rei Salomão (*Shelomô Hámêlech*) e D'us. Diferente de Moshé (Moisés), que falava com o Eterno face a face, Salomão recebeu a revelação divina em um sonho. Nele, D'us disse: "Pede o que quiseres, e eu te darei". Imagine se você tivesse essa oportunidade. O que pediria? Vida longa? Riqueza? Poder?

O que Salomão pediu foi surpreendente: "*Lev Shomea Lishpot Et Amêcha, LeHavchin Bein Tov LeRá*" – "Um coração que escuta para julgar Teu povo e discernir entre o bem e o mal". Salomão não pediu dinheiro. Não pediu glória. Não pediu a destruição de seus inimigos. Ele pediu sabedoria para tomar decisões justas e assertivas.

A Torá nos diz que D'us ficou satisfeito com a resposta de Salomão e respondeu: "Porque não pediste riqueza, nem honra, nem a morte dos teus inimigos, e sim sabedoria, eu te darei não apenas sabedoria, mas também tudo aquilo que não pediste!". Salomão tornou-se o homem mais sábio que já existiu – superior a qualquer outro, antes ou depois dele. Além disso, D'us lhe concedeu também riquezas, prestígio e uma vida de grandeza incomparável.

Aqui aprendemos um princípio poderoso: o sucesso material é um reflexo do alinhamento espiritual. Quando o propósito é nobre, as bênçãos vêm como consequência.

INTELIGÊNCIA *VERSUS* SABEDORIA: A DIFERENÇA CRUCIAL

Por que tantas figuras inteligentes e cultas fracassam? Existem muitos intelectuais, tanto homens quanto mulheres, que, apesar de suas habilidades e dons excepcionais, fracassaram. Por quê? A resposta está na distinção entre três conceitos da Cabalá: *Chochmá* (Inteligência – o acúmulo de conhecimento); *Biná* (Entendimento – a capacidade de interpretar e analisar os dados); e *Dáat* (Sabedoria – o uso prático e estratégico do conhecimento para gerar resultados). Vamos explorar cada um deles:

Chochmá - *o conhecimento bruto*

Chochmá é o primeiro nível. Você pode ler centenas de livros; pode assistir a cursos, absorver conteúdos e acumular informações; pode ser um gênio, um autodidata, com uma mente brilhante. Mas se todo esse conhecimento não for aplicado corretamente, ele não se transforma em sabedoria. Quantas pessoas são cultas, poliglotas, pós-graduadas, mas não conseguem prosperar? Isso acontece porque a inteligência sozinha não garante o sucesso.

O sucesso material é um reflexo do alinhamento espiritual. Quando o propósito é nobre, as bênçãos vêm como consequência.

Rav Sany

Durante a bolha da internet nos anos 2000, muitos jovens formados em Harvard, MIT e Stanford abriram startups milionárias... que faliram em poucos meses. Tinham inteligência. Faltava sabedoria prática.

Biná - *a análise profunda*

Biná é o segundo nível. Se *Chochmá* é o acúmulo de conhecimento, *Biná* é a capacidade de interpretá-lo e transformá-lo em algo útil. O analista de dados, por exemplo, usa *Biná* para encontrar padrões. As mulheres usam *Biná* para enxergar o que está nas entrelinhas, como um sexto sentido divino presente em sua essência, conforme está escrito na Torá Oral: "*Biná yeterá nitná la náshim*" – "Uma *Biná* especial foi concedida às mulheres". O empresário de sucesso usa *Biná* para prever oportunidades e desafios.

Biná é a habilidade de organizar o conhecimento e transformá-lo em estratégia.

É o analista que conecta os pontos invisíveis. É a mãe que sente o que as palavras não dizem. É o empresário que enxerga a crise antes que ela chegue.

É por isso que, quando a Torá relata que Yosef (José) foi escolhido para ser vice-rei do Egito, ele não apenas interpretou os sonhos do Faraó, mas também extraiu uma estratégia concreta para salvar o Egito da fome. A linguagem que a Torá registrou que foi utilizada por Yossef ao enfatizar a necessidade de um líder administrador no Egito foi: "*Ish Chacham ve navón*" – "Um homem inteligente e *Navón*" (*Navón* vem de *Biná*). Apenas quem desenvolve *Biná* consegue transformar conhecimento em ação estratégica.

Dáat - *a sabedoria aplicada*

Dáat é o nível supremo, que diferencia os bem-sucedidos dos fracassados. A verdadeira sabedoria não está em acumular informações nem apenas em interpretá-las. A sabedoria está em agir com precisão e propósito. Afinal:

***Dáat* é ação consciente.**

É a capacidade de pegar o conhecimento e aplicar com propósito, precisão e coragem.

Quem tem *Dáat*:

* Cria soluções onde os outros veem problemas.
* Age quando os outros ficam paralisados.
* Vê oportunidades onde os outros só enxergam impossibilidades.

O sábio:

* O sábio acerta o alvo que ninguém vê.
* O sábio cria soluções inovadoras.

✷ O sábio não apenas conhece, mas faz acontecer.

Entre os sábios mais reverenciados da história judaica, Rabi Akiva é um ícone vivo do poder de *Dáat*.

Rabi Akiva só começou a estudar Torá aos **40 anos** de idade. Até então, era um simples pastor, analfabeto. Ninguém acreditava que ele poderia se tornar grandioso.

Mas Akiva teve algo que muitos gênios não têm: *Dáat* – a capacidade de aplicar pequenos passos com constância, fé e propósito.

Conta-se que um dia, vendo uma pedra perfurada por gotas de água, Akiva refletiu:

> "*Se gotas suaves podem perfurar a pedra dura pela persistência, então a Torá pode perfurar meu coração!*"

Assim, começou. Letra por letra. Palavra por palavra. Dia após dia.

Décadas depois, Akiva se tornou o maior mestre da sua geração, guiando **24 mil discípulos** e deixando um legado imortal para o povo judeu.

E após perder seus 24 mil alunos em uma terrível pandemia, recomeçou do zero e ensinou sua Torá para mais 5 alunos que foram os responsáveis pelo Judaísmo que vive até hoje.

A lição:

Você pode ter conhecimento (*Chochmá*). Pode ter entendimento (*Biná*). Mas sem *Dáat* – sem aplicar com coragem e constância – os sonhos permanecem sonhos. *Dáat* é a ponte entre o ideal e o real.

Foi *Dáat* que Salomão pediu. E é *Dáat* que faz de Israel com apenas cerca de 7 milhões de habitantes, um dos maiores polos de inovações e empreendedorismo do mundo, reconhecida como a nação das startups – o país onde o impossível é apenas um desafio a ser superado.

Para entender *Dáat* na prática nos negócios modernos, olhe para o aplicativo **Waze**, criado em Israel.

No início dos anos 2000, três israelenses – Uri Levine, Ehud Shabtai e Amir Shinar – perceberam que o trânsito nas cidades era imprevisível e que informações em tempo real poderiam revolucionar a mobilidade.

Eles **não inventaram** o conceito de GPS. Eles **não tinham** os maiores recursos financeiros. Eles **não foram** os primeiros a pensar em navegação.

Mas eles aplicaram *Dáat*:

* Transformaram a teoria em um aplicativo que se autoatualizava com a experiência dos próprios usuários.
* Criaram um sistema que aprendia e melhorava em tempo real.

Resultado:

O Waze foi vendido para o Google por cerca de **1,1 bilhão de dólares**. Mais do que o dinheiro, eles mudaram a vida de centenas de milhões de motoristas no mundo todo.

A lição:

Sabedoria aplicada é mais poderosa do que grandes ideias não executadas. *Dáat* é transformar conhecimento em soluções práticas que impactam o mundo.

Enquanto muitos desistem ao ouvir "isso não pode ser feito", um judeu encara isso como motivação para inovar e criar soluções. O segredo está na mentalidade. O sábio não vê barreiras, vê oportunidades.

Por isso, ao atravessar o Portal de *Dáat*, você não será apenas alguém que sabe.

Você será alguém que **faz**.

Quem desenvolve *Dáat*:

- Vê o que ninguém vê.
- Faz o que poucos têm coragem de fazer.
- Colhe resultados que muitos acham impossíveis.

E lembre-se:

O verdadeiro sábio
não é o que acumula,
mas o que transforma.

Rav Sany

Agora que você entendeu o poder da sabedoria, há novos desafios:

* Como manter o autocontrole e a resiliência diante dos desafios?
* Como desenvolver inteligência emocional para liderar e prosperar?

Essas são as perguntas que responderemos no próximo portal, pois ele é o caminho para que você desenvolva inteligência emocional, a qual será o diferencial que o levará ao extraordinário.

Você está preparado?

3º PORTAL

GUEVURÁ
AUTOCONTROLE

Na Torá, encontramos uma pergunta essencial: "*Eizehu Guibor?*" – "Quem é o verdadeiro herói?". A resposta: "*Ha'kovesh et Yitzró*" – "Aquele que domina suas emoções", ou seja, o verdadeiro forte não é aquele que vence os outros, mas aquele que vence a si.

RAZÃO *VERSUS* EMOÇÃO: O CONFLITO INTERNO

O terceiro portal trata da integração entre lógica, razão e emoção nas decisões empresariais e na vida. Dentre elas, temos duas forças opostas que nos compõem:

- *Séchel* (Razão) – o pensamento lógico e racional.
- *Régesh* (Emoção) – os sentimentos e os impulsos.

A razão deve liderar a emoção, fornecendo estrutura e discernimento, mas a emoção deve ser ouvida, pois ela carrega intuições profundas e motivações autênticas. Em outras palavras, o equilíbrio entre as duas é essencial. A relação entre elas é um dos pilares da sabedoria e do autoconhecimento. A razão nos ajuda a enxergar com clareza, analisar fatos e tomar decisões estratégicas, enquanto a emoção dá cor à vida, impulsiona nossos desejos e fortalece conexões humanas. Se a razão domina sem emoção, corremos o risco de nos tornar frios, calculistas e desconectados das pessoas. Em contrapartida, se a emoção toma o controle sem o filtro da razão, podemos agir impulsivamente, sem avaliar consequências.

Esse equilíbrio nos permite viver com sabedoria, tomar decisões alinhadas com nossos valores e construir relacionamentos mais genuínos. Na prática, isso significa aprender a escutar as emoções sem ser escravizado por elas e usar a razão sem reprimir o que sentimos. O segredo está na consciência: saber quando refletir e quando sentir, quando agir com lógica e quando permitir que a intuição fale mais alto.

Mas a verdade, queiramos ou não, é que somos seres emocionais. Quantas vezes você já tomou decisões movidas pela emoção, mesmo sabendo racionalmente que não era a melhor escolha? Aqui vai um exemplo real: em uma tarde de outono, quando a luz dourada se infiltrava timidamente pelas frestas da janela de uma sala repleta de livros antigos e memórias, um jovem se aproximou de mim em busca de orientação. Seus olhos, inquietos e cheios de dúvidas, revelavam a inquietude de alguém que vivia um conflito silencioso entre a lógica da razão e os impulsos intensos do coração. Naquele instante, a sala se transformou num espaço sagrado de encontro entre a sabedoria e a emoção. Com a voz trêmula, ele apresentou uma lista elaborada com meticulosidade – dez motivos, aparentemente inegáveis, que apontavam para o término de seu relacionamento. Entre os itens, destacavam-se razões que ressoavam com a força de argumentos racionais incontestáveis:

* A namorada não compartilhava os seus valores fundamentais.
* Não tinham planos de vida em comum, nem sonhos que pudessem ser trilhados lado a lado.
* Ela não demonstrava ser confiável, deixando dúvidas sobre seu compromisso e lealdade.

A lista prosseguia, cada item pesando como uma sentença lógica, como se a razão, em sua forma mais pura, quisesse ser a única voz a ditar o rumo de sua vida. Contudo, no ápice daquele turbilhão de argumentos, algo inesperado irrompeu no silêncio do seu pensamento: uma única lembrança, leve, porém poderosa, que se insinuou como um sussurro desafiador: "Mas, Rav, ela é tão bonita...". Essas palavras, simples em sua essência, carregavam um poder que desafiava a estrutura fria da lógica.

Mesmo diante de dez motivos sólidos para terminar, aquele único traço de beleza e sentimento parecia subverter a razão, impondo a força arrebatadora da emoção. Foi nesse exato momento que ficou evidente: a emoção, muitas vezes, tem o dom de transformar o óbvio e o racional, ofuscando a clareza dos argumentos.

Essa cena é um retrato fiel do dilema interno que permeia a vida de tantos – não apenas nos relacionamentos, mas também no universo dos negócios, nas escolhas pessoais e em cada decisão que exige um equilíbrio delicado. Somos frequentemente confrontados com situações em que a razão nos apresenta um caminho seguro e estruturado, enquanto a emoção insiste em abrir brechas para impulsos e desejos momentâneos. Em meio a esse cenário, a verdadeira sabedoria – o *Dáat*, como exploramos no segundo portal – se revela como a arte de integrar esses dois mundos. Desenvolver a inteligência emocional não é uma tarefa simples; é um processo que demanda disciplina e autoconhecimento. Trata-se de abdicar dos prazeres imediatos, aqueles que proporcionam satisfação passageira, para alcançar recompensas que se manifestam de forma duradoura e transformadora.

Ao aprender a identificar e administrar as emoções, passamos a entender que cada impulso carrega consigo uma história, uma razão, e que a verdadeira maturidade está em saber quando ceder e quando resistir. Ao cultivar essa ponte entre o sentimento e a razão, somos convidados a embarcar numa jornada interior de equilíbrio e discernimento.

Não se trata de reprimir a emoção ou de se submeter à lógica fria, mas sim de reconhecer a riqueza que cada uma delas oferece. A emoção nos conecta com a nossa essência, com os outros e com o mundo de uma maneira que a razão, por si só, jamais conseguiria. Já a razão nos guia por caminhos que evitam os erros impulsivos e constroem um futuro sólido e promissor. Essa dualidade é o que nos torna humanos: a capacidade de sentir intensamente e, ao mesmo tempo, refletir profundamente. Quantas vezes, diante do brilho sedutor do presente, permitimos que a beleza imediata obscureça os sinais racionais que apontam para um futuro mais coerente e alinhado com nossos verdadeiros valores?

A história do jovem que hesitou, mesmo com uma lista incontestável de razões, serve como um espelho para todos nós. Ela nos lembra que a sabedoria não está em ignorar um dos polos, mas em harmonizá-los, permitindo que ambos dialoguem em busca de uma decisão mais autêntica. Em última análise, a verdadeira jornada consiste em transcender a dicotomia entre razão e emoção, integrando-as numa dança delicada que nos conduz à realização pessoal e à profundidade dos relacionamentos.

Ao desenvolver nossa inteligência emocional, abrimos as portas para uma vida repleta de significado, em que cada escolha é feita com o coração sereno e a mente clara. Embora seja desafiador, esse caminho nos aproxima cada vez mais da verdadeira essência da sabedoria.

A ILUSÃO DO PREÇO E A TOMADA DE DECISÃO

Em uma manhã vibrante, enquanto o sol iluminava as ruas com sua luz dourada, um experimento simples e revelador emergia do cotidiano, demonstrando como nossas emoções podem, por vezes, desviar o rumo da pura razão. Imagine a seguinte cena: você, movido por impulsos e desejos, adquire dois ingressos para shows distintos. Um ingresso, acessível e repleto de promessa de diversão, custa apenas R$ 50; o outro, para um evento sofisticado, mas que, no fundo, não desperta o mesmo entusiasmo, é vendido por R$ 500. Em uma ironia do destino, ambos os ingressos são marcados para o mesmo dia.

Diante dessa coincidência inesperada, você se vê em uma encruzilhada. Se a lógica tomasse conta, a resposta pareceria inequívoca: optar pelo show divertido, que oferece uma experiência de alegria a um custo modesto. Contudo, surpreendentemente, a maioria das pessoas inclina-se a escolher o ingresso mais caro, mesmo sabendo, racionalmente, que a experiência pode ser menos empolgante. Por que essa escolha, aparentemente ilógica, se impõe? A resposta está enraizada na maneira como atribuímos valor aos nossos investimentos. Quando investimos uma quantia significativa, tendemos a justificar esse gasto, criando uma associação entre o preço e a qualidade ou seriedade de uma experiência. Assim, o valor monetário passa a carregar consigo um peso emocional que pode, muitas vezes, ofuscar a análise lógica.

Esse fenômeno revela a força avassaladora das emoções em nossas decisões. Mesmo diante de argumentos racionais claros, o apego ao que foi investido pode nos conduzir a escolhas que, objetivamente, não maximizam nosso prazer ou satisfação. A ilusão do preço é, portanto, um espelho das complexas interações entre sentimento e lógica que moldam nosso comportamento.

Mais do que um mero experimento, essa situação se torna uma metáfora para as inúmeras decisões que enfrentamos todos os dias – nos negócios, nos relacionamentos e em cada aspecto da vida. Quantas vezes permitimos que a emoção nos conduza, mesmo quando a razão aponta para alternativas mais vantajosas? Essa reflexão nos convida a questionar a real natureza do valor: será que o que realmente importa está no preço pago ou na experiência que vivenciamos? Ao explorar a ilusão do preço, somos desafiados a desenvolver uma consciência maior sobre nossas escolhas.

Reconhecer a influência do investimento emocional é o primeiro passo para uma tomada de decisão mais equilibrada, na qual a razão e a emoção se encontram em harmonia. Essa integração nos permite transformar cada escolha em um ato consciente, guiado não apenas pelo que parece lógico, mas também pelo que ressoa profundamente em nosso ser.

Na próxima vez que se deparar com uma decisão semelhante, pergunte a si mesmo: estou me deixando levar pelo valor investido ou estou avaliando o que trará mais satisfação? Afinal, a verdadeira sabedoria reside em saber equilibrar o sentimento com o raciocínio, permitindo que cada decisão seja um reflexo de uma vida vivida com autenticidade e consciência.

O IMPACTO DO DESCONTROLE EMOCIONAL NOS NEGÓCIOS

Pela visão da Cabalá Judaica, o descontrole emocional é chamado de *Kaás* (ira, raiva, descontrole), e ele é considerado a raiz de todas as perdas. O grande cabalista Rav Chaim Vital, discípulo do Arizal, escreveu no livro *Sha'arei Kedushá* (Os Portais da Santidade) o seguinte:

"Meu mestre, o Arizal, enfatizava que a raiva era mais perigosa do que qualquer outro pecado. (...) Mesmo quem se irrita por um motivo justo está atraindo uma energia negativa para toda a sua alma."

O caso do CEO que perdeu um contrato por falta de autocontrole

Em uma manhã que prometia ser o auge de sua carreira, um renomado CEO, membro do nosso exclusivo Rav Sany Prime Club de CEOs, vivenciou uma lição que mudaria para sempre sua trajetória. Durante seis meses intensos de negociações, ele havia conduzido sua equipe e sua visão com maestria, culminando na iminência de fechar um contrato que prometia injetar um fluxo de caixa poderoso na empresa.

O ambiente estava carregado de otimismo e celebração, e o café da manhã que se seguia à assinatura do acordo parecia coroar todo o esforço e dedicação investidos. No entanto, durante os momentos descontraídos dessa celebração, um detalhe, aparentemente trivial, acabou por revelar uma fragilidade oculta. Durante uma conversa, o novo sócio, um investidor de olhar aguçado e postura firme, não conteve uma observação surpreendente: "Que nojo! Você rói unhas?".

Naquele instante, a sala mergulhou em um silêncio desconfortável. Era fato conhecido entre seus pares que o CEO tinha, de fato, esse hábito, algo que até então parecia inofensivo em meio à grandiosidade de suas realizações. Contudo, a reação do investidor foi tão imediata quanto contundente: "Se você não tem autocontrole nem para evitar roer unhas, como posso confiar em você nos negócios?". A crítica, proferida diante de todos, cortou-o como uma lâmina afiada.

Em um gesto carregado de significado, o CEO, pressionado pelo impacto daquele comentário, rasgou o contrato e cancelou o investimento, uma decisão que, naquele instante, custou milhões à empresa. Essa experiência, embora dolorosa, transformou-se em um ponto de inflexão. A humilhação pública e a perda financeira serviram de catalisador para uma profunda reflexão. A partir daquele dia, o CEO tomou uma decisão irrevogável: nunca mais permitir que um simples hábito comprometesse sua imagem e seu desempenho. Assim, ele trabalhou intensamente no desenvolvimento do autocontrole, ciente de que até as menores falhas podem abrir brechas para perdas significativas.

Essa história, repleta de nuances e lições, ecoa em diversos cenários – seja no mundo corporativo, nas relações pessoais ou em qualquer situação em que o equilíbrio entre disciplina e emoção se faz necessário. Ela nos lembra que a verdadeira liderança e confiança não se constroem apenas por meio de grandes feitos, mas também pela capacidade de dominar nossos impulsos mais simples.

Refletindo sobre esse episódio, somos convidados a compreender que o autocontrole é muito mais do que evitar hábitos inconvenientes. Trata-se de cultivar uma imagem de integridade, confiabilidade e consistência, qualidades essenciais para estabelecer relações de confiança e credibilidade.

Pequenas falhas, como roer unhas, podem parecer insignificantes à primeira vista, mas quando expostas em contextos decisivos, revelam fragilidades que podem minar até mesmo as maiores conquistas. Assim, o caso desse CEO é um lembrete poderoso: a excelência nos negócios e na vida está intrinsecamente ligada à nossa capacidade de controlar não apenas as grandes decisões, mas também os detalhes do nosso comportamento. Cada ação, por menor que seja, carrega um peso que pode influenciar a percepção que os outros têm de nós – e, por consequência, determinar o rumo de nossas oportunidades.

Portanto, ao enfrentar desafios e tomar decisões, lembre-se de que o autocontrole é a base sobre a qual se constrói a confiança. E é justamente nessa atenção aos detalhes, na disposição de corrigir os hábitos que parecem triviais, que reside o verdadeiro caminho para a realização pessoal e profissional.

O Rei Davi e o irmão que perdeu o reino

No coração da história de Israel, na qual fé, poder e destino se entrelaçam em narrativas que ecoam pela eternidade, existe uma lição atemporal sobre o valor do autocontrole. Embora o Rei Davi seja celebrado como o maior monarca de Israel, sua ascensão ao trono não seguiu o caminho natural que muitos poderiam imaginar. Além dele, havia outro candidato de notório destaque ao trono: seu irmão Eliav.

Quando o profeta Shmuel, mensageiro da vontade divina, avistou Eliav, seus olhos foram imediatamente atraídos pela presença marcante do homem. Em um lampejo de entusiasmo e expectativa, ele proclamou: "Este deve ser o novo rei de Israel!". Porém, como tantas vezes acontece quando os planos humanos se chocam com a sabedoria divina, a resposta do Criador foi contundente e inesperada: "Não olhe para sua aparência nem para sua altura. Eu o rejeitei".

A razão por trás dessa rejeição não residia em fatores superficiais, mas na essência do caráter de Eliav. Em um episódio que ficaria gravado na memória da nação, ele perdeu o controle emocional e explodiu de raiva contra Davi, um gesto que acabou por comprometer suas ambições e seu destino. Essa incapacidade de dominar suas emoções demonstrou que, por mais promissora que fosse sua aparência, o verdadeiro valor de um líder se mede pela disciplina interna. O ensinamento, registrado no Talmud (Pessachim 66b), ressalta com clareza: "Mesmo que dos céus seja decretada grandeza para alguém, se ele se descontrola emocionalmente, ele perde tudo". Esse trecho traz uma mensagem que reverbera em nossos dias.

Quantas vezes, em nossas próprias vidas, deixamos que impulsos momentâneos nos desviem do caminho do sucesso? Seja em ambientes profissionais, relacionamentos ou decisões pessoais, a falta de autocontrole pode transformar oportunidades promissoras em derrotas irreparáveis. A história de Eliav serve, portanto, como um poderoso lembrete: a verdadeira liderança e o alcance de grandes feitos dependem não apenas do potencial inato ou das aparências, mas sobretudo da capacidade de manter a calma e agir com discernimento.

O contraste entre a efêmera grandiosidade atribuída a quem se deixa levar pelas emoções e a solidez de quem cultiva a disciplina interna é um ensinamento que ultrapassa gerações. Ao refletirmos sobre essa lição, somos convidados a considerar: quantas oportunidades deixamos escapar por não dominarmos nossas próprias emoções?

O exemplo de Eliav, que perdeu o reino por um deslize de autocontrole, serve de alerta para a importância de investir em nossa inteligência emocional. Afinal, a verdadeira grandeza não é definida apenas pelo que nos é dado, mas pela forma como lidamos com os desafios internos que surgem em nosso caminho.

Espero que essa história inspire uma busca constante pelo equilíbrio entre razão e emoção, para que, em cada decisão, possamos transformar pequenos deslizes em degraus rumo a uma realização pessoal e profissional mais sólida e duradoura.

COMO DESENVOLVER O AUTOCONTROLE?

Na busca incessante por equilíbrio interior, a Cabalá nos oferece estratégias profundas e transformadoras para fortalecer a *Guevurá* – o autocontrole – e, assim, navegar pelas turbulências da vida com serenidade e propósito. Inspirados pelos ensinamentos de grandes mestres e pelas palavras sagradas, somos convidados a refletir e agir para moldar uma existência mais disciplinada e consciente.

Tenha clareza sobre seus valores

Imagine um farol, firme e inabalável, que guia o navegante mesmo nas noites mais escuras. Assim também são os valores sólidos para quem busca manter o autocontrole em meio às pressões da vida.

O grande Rav Kook nos ensina:

> *"Quem tem identidade clara e valores sólidos não se descontrola emocionalmente."*

Quando você conhece profundamente quem você é, e o que realmente importa para a sua alma, as críticas, injustiças e provocações deixam de ter o poder de desequilibrá-lo. Você não sente mais a necessidade desesperada de provar seu valor ou justificar suas escolhas para os outros. Cada decisão se torna uma expressão autêntica do seu ser – e nem mesmo os embates mais intensos conseguem abalar sua essência.

"

A verdadeira força
está na serenidade de
quem sabe quem é.

Rav Sany

"

EXEMPLO JUDAICO CLÁSSICO: HILLEL, O SÁBIO DA PACIÊNCIA

Conta o Talmud que certa vez dois homens apostaram entre si:

"Quem conseguir irritar Hillel, o Sábio, fará o outro lhe pagar cem moedas de ouro."

Então, um deles foi até a casa de Hillel, em uma sexta-feira – véspera de Shabat, quando todos estão ocupados com os preparativos – e começou a provocá-lo com perguntas bobas e desrespeitosas.

Hillel, com total calma, saía do banho, vestia-se de novo e respondia cada pergunta pacientemente, sem se alterar. Mesmo quando a provocação ficou claramente ofensiva, Hillel apenas sorria e respondia:

"Uma pergunta digna de ser feita, meu filho. Pergunte mais!"

Frustrado por não conseguir irritá-lo, o provocador finalmente desistiu e confessou a aposta.

Hillel, então, disse:

"É melhor que você perca cem moedas de ouro do que Hillel perca sua paciência."

Lição:

Quem tem clareza de sua missão e seus valores não se deixa arrastar pelas emoções dos outros. Seu autocontrole é um reflexo de sua força interior, não de seu orgulho ferido.

EXEMPLO MODERNO DE NEGÓCIOS: HOWARD SCHULTZ E OS ATAQUES À STARBUCKS

Howard Schultz, fundador da Starbucks, enfrentou anos de críticas duras, boicotes e polêmicas contra sua empresa. Poderia facilmente ter reagido com raiva ou tentado se justificar de forma agressiva.

Em vez disso, ele manteve a calma. Respondeu sempre reforçando os valores da empresa: inclusão, qualidade, propósito social. Nunca se deixou levar pelas provocações para "provar" algo.

Resultado:

A Starbucks se consolidou como uma das marcas mais respeitadas do mundo, com base em valores – não em discussões.

Lição:

Quem tenta provar que está certo perde energia. Quem mantém o foco nos valores ganha respeito e constrói legado.

EXEMPLO MODERNO DE AUTOCONTROLE: VIKTOR FRANKL NO CAMPO DE CONCENTRAÇÃO

Viktor Frankl, psiquiatra judeu austríaco, sobreviveu aos horrores de Auschwitz. Ele viu, com os próprios olhos, que os nazistas podiam tirar tudo de uma pessoa: sua liberdade, sua dignidade exterior, seus bens, sua saúde – mas havia algo que ninguém poderia roubar: **o domínio sobre sua própria atitude interior**.

Mesmo sendo brutalmente humilhado, inclusive perdendo toda a sua família, Frankl não se entregou ao ódio nem à revolta cega.

Em vez disso, ele se apegou aos seus valores mais profundos: a fé na vida, o sentido da existência, a escolha pela dignidade.

Ele escreveu depois:

> "*Tudo pode ser tirado de um homem, menos uma coisa: a liberdade de escolher sua atitude diante de qualquer circunstância.*"

Lição:

Autocontrole verdadeiro não é a supressão das emoções. É reconhecer a dor sem permitir que ela dite quem você se torna. É manter-se fiel aos seus valores mesmo quando o mundo ao redor enlouquece.

Não se estresse para provar que está certo. Não se perca tentando convencer quem não quer entender.

A clareza dos seus valores é o seu farol. O resto é apenas neblina passageira.

O Baal Shem Tov, fundador do movimento chassídico, ensinava que o verdadeiro teste do caráter de uma pessoa era sua capacidade de manter a calma quando fosse injustamente ofendida.

Conta-se que, certa vez, ele enviou um de seus discípulos mais brilhantes para uma aldeia distante, com a seguinte instrução:

“*Vá até lá e aceite tudo que disserem sobre você sem se irritar. Quando conseguir, volte.*”

O discípulo, cheio de confiança, partiu. Mas assim que chegou, foi recebido com zombarias, insultos e desprezo. A cada palavra dura, ele sentia a raiva crescer dentro de si – e, mesmo sem responder, sua alma queimava.

Envergonhado, ele voltou ao Baal Shem Tov e confessou:

“*Mestre, eu suportei as palavras, mas dentro de mim senti ódio.*”

O Baal Shem Tov sorriu e respondeu:

"Você resistiu, mas ainda não dominou. Quando sua alma for tão forte que você nem se abalar internamente, então terá alcançado a Guevurá *verdadeira."*

Lição:

Autocontrole verdadeiro não é apenas a contenção de palavras – é a pacificação do coração.

É ser tão seguro dos seus valores que nem mesmo a ofensa penetra em sua paz interior.

A clareza de quem você é é o seu escudo invisível.

Mais do que silenciar a boca, é silenciar o ego. É escolher responder com sabedoria em vez de reagir com impulsividade. Quem domina a si mesmo não precisa provar nada a ninguém – sua serenidade fala por ele. O verdadeiro forte não é o que vence os outros, mas o que vence a si. E quanto mais clareza se tem sobre sua identidade, menos espaço há para mágoas, disputas ou desequilíbrios. Autocontrole é liberdade: liberdade de não ser refém do externo, de não se curvar à provocação, de permanecer inteiro mesmo em ambientes fragmentados.

Quem domina sua alma é mais poderoso que quem conquista cidades.

(Baseado em Mishlei/Provérbios 16:32)

Rav Sany

DESENVOLVA EMUNÁ – SUA ÂNCORA INABALÁVEL

A verdadeira força da alma não está em controlar as circunstâncias – mas em confiar plenamente na mão invisível que guia cada detalhe da vida. Essa força se chama **Emuná**: a fé inabalável.

A Cabalá nos ensina:

"Tudo o que o Eterno faz, Ele faz para o bem."

Não são palavras para momentos fáceis. É a bússola para as noites mais escuras, para os ventos mais violentos, para as tempestades mais imprevistas.

Quem abraça a Emuná transforma obstáculos em plataformas de crescimento. Cada desafio, cada perda, cada frustração, ao ser encarado com fé, revela-se como uma parte essencial do plano divino para a sua evolução.

Emuná não é ilusão – é visão. É a capacidade de enxergar sentido mesmo quando o cenário parece caos. É saber que, acima de tudo, *há uma direção, há um propósito, há um bem maior em curso.*

Sem Emuná, a alma se quebra nas adversidades. Com Emuná, a alma se fortalece e floresce onde todos esperavam que ela caísse.

JULGUE O PRÓXIMO COM BONDADE – E ABRA AS PORTAS DA MISERICÓRDIA

Em um mundo que corre para condenar, a Torá nos desafia a agir diferente:

"Aquele que julga os outros com bondade será julgado com bondade."

Quantos conflitos, quantas dores, quantas feridas profundas nascem não da realidade, mas da nossa interpretação precipitada?

Quando você escolhe dar o benefício da dúvida, você não está apenas protegendo o outro – **Você está protegendo seu próprio coração.**

Ao olhar o próximo com compaixão:

* Você reduz a raiva antes que ela se instale.
* Você silencia julgamentos desnecessários.

Você constrói dentro de si um templo de paz. **Julgar com bondade é um ato de autocontrole e de grandeza.** Quem vê o melhor nos outros desperta o melhor dentro de si.

Lembre-se:

Cada vez que você escolhe a bondade no julgamento, você também convida a bondade divina para reger a sua vida.

“

Aquele que julga os outros com bondade será julgado com bondade.

Rav Sany

”

Muitas vezes, explosões de raiva e conflitos surgem de mal-entendidos ou da incapacidade de ver o melhor no próximo. Ao optar por dar o benefício da dúvida e por julgar com benevolência, você não apenas reduz atritos, mas também cria um ambiente interno de paz, fortalecendo seu próprio autocontrole e, por conseguinte, promovendo relações mais harmoniosas.

O Talmud conta que certa vez, o Rabino Yehoshua ben Levi foi convidado para um jantar. Durante a refeição, um dos servos, sem querer, derramou uma valiosa garrafa de vinho sobre as roupas do rabino.

Todos esperaram que o rabino repreendesse o jovem. Mas o Rabino Yehoshua apenas sorriu e disse:

> *"Certamente, se D'us permitiu que isso acontecesse, é porque era para meu bem. Talvez esse vinho tenha me livrado de algo pior."*

Mais tarde naquela noite, descobriram que a comida havia sido contaminada e que o vinho derramado impediu que ele comesse mais e adoecesse gravemente.

Lição:

Quando julgamos as pessoas e os acontecimentos com benevolência, abrimos portas invisíveis de proteção, misericórdia e bênçãos em nossa vida.

Use recompensas e penalidades

A disciplina muitas vezes nasce do reconhecimento do próprio esforço e da consciência de que cada ação tem sua consequência. Portanto, estabeleça metas claras e, ao alcançá-las, celebre suas vitórias com recompensas que reforcem seu compromisso. Se porventura falhar, defina consequências que sirvam como lembrete para ajustar sua rota.

Esse equilíbrio entre recompensas e penalidades é um método prático e poderoso para cultivar a disciplina, transformando o autocontrole em um hábito que guia suas escolhas diárias. Ao integrar essas estratégias, a jornada para desenvolver o autocontrole se torna uma verdadeira arte, na qual razão e fé se unem para criar um ser mais íntegro e resiliente.

Cada passo dado nessa direção não só fortalece sua capacidade de lidar com as emoções, mas também o prepara para enfrentar os desafios da vida com a sabedoria que transcende o ordinário. Que essas práticas o inspirem a olhar para dentro e a descobrir, em cada gesto consciente, a possibilidade de transformar seu mundo – e, por extensão, o mundo ao seu redor.

Todos os dias, escolha conscientemente uma situação em que você sente vontade imediata de reagir – seja por irritação, impaciência, ou necessidade de se justificar.

Quando isso acontecer, pratique o seguinte:

1. **Pare e respire profundamente.** Inspire contando até cinco.
2. **Conecte-se com a sua essência.** Pergunte a si mesmo em pensamento:

> "*Isso que estou prestes a fazer reflete quem eu sou ou é apenas uma reação ao que fizeram comigo?*"

3. **Escolha agir conforme seus valores – não conforme o estímulo externo.** Se necessário, sorria. Acalme sua voz. Saia da situação se for preciso, mas sem perder sua paz interior.

Lembrete Espiritual:

> "*Quem é o verdadeiro forte? Aquele que domina a si mesmo.*" *(Pirkei Avot 4:1)*

Cada vez que você vence o impulso de reagir, você fortalece seu "músculo espiritual" da *Guevurá*. Assim como um músculo físico cresce com resistência, sua alma cresce cada vez que você escolhe sua resposta, em vez de ser arrastado pela emoção.

AUTOCONTROLE NÃO É FRAQUEZA.
AUTOCONTROLE É SOBERANIA DA ALMA.

Agora que dominamos a *Guevurá* – o autocontrole –, surge a próxima pergunta: por que algumas pessoas parecem ter sorte nos negócios e na vida pessoal? Existe um segredo espiritual por trás do sucesso? No 4º Portal, exploraremos o conceito do *Mazal* – o segredo da boa sorte, segundo a Cabalá.

Sorte existe?

4º PORTAL

MAZAL TOV O SEGREDO DA BOA SORTE!

Neste portal, vamos desvendar outro conceito profundo da Cabalá: *Mazal* – Sorte. Muitas vezes ouvimos dizer: "Fulano teve sorte!". Mas será que a sorte realmente existe? A resposta é sim e não.

Na Cabalá, encontramos dois tipos de *Mazal*: *Mazal Elyon*, a "sorte superior celestial", predestinada e imutável; e *Mazal Tachton*, a "sorte inferior", que podemos modificar com nossas ações.

MAZAL ELYON – O DESTINO IMUTÁVEL

Quando dizemos *Mazal Tov!* ("Boa sorte!"), estamos falando desse conceito profundo.

Mazal vem da raiz hebraica *Nozel*, que significa "gotejar" ou "descer". Significa fluir. Portanto, *mazal* é a energia que flui para nós do Alto. Assim, quando desejamos *mazal tov*, estamos dizendo "que você tenha um fluxo de energia positiva".

Mazal afeta todas as áreas da vida. Uma pessoa tem *mazal* com seus filhos, outra com sua aparência, outra quando se trata de saúde, outra quando se trata de ganhar mais dinheiro. Pode-se ter *mazal* com os amigos, com os sogros, com ótimos cônjuges para seus filhos. Ou com o trabalho, com os chefes, com fazer investimentos. A lista é infinita.

Como você pode perceber, o *Mazal Elyon* afeta inúmeras áreas em nossas vidas. Uma pessoa pode ter um *mazal* ruim em uma área específica, mas um ótimo em muitas outras. Se alguém tem um *mazal* ótimo quando se trata de ganhar dinheiro, mas nenhum *mazal* com filhos, cônjuge, saúde etc., você diria que ele é uma pessoa realmente afortunada, só porque é bem-sucedido financeiramente? E uma pessoa brilhante em um casamento infeliz? Um milionário sem amigos? Pode ser que você não tenha um *mazal* tão bom financeiramente, mas e nas outras áreas da sua vida?

O importante é ter em mente que ninguém tem um *mazal* bom em tudo, pois nosso *Mazal Elyon* está vinculado com a nossa missão aqui na Terra.

Além disso, o *mazal* não ocorre no vácuo. Acreditamos que todo ano, em *Rosh Hashanah*, é decretado no céu o que uma pessoa ganhará durante o ano que vem. Isso não significa que uma pessoa pode ficar sentada com as mãos postas um ano inteiro e dizer: "Bem, eu não tenho de fazer nada, o que for decretado para mim simplesmente virá". Um cheque não virá voando pela janela. Devemos fazer um "vaso" para o *mazal*, para a bênção de D'us, que nada mais é do que trabalho duro (e honesto), reservando tempo para estudar a Torá e orar para que os esforços sejam abençoados do Alto. Da mesma forma, oramos para termos um bom *mazal* com nossos filhos, enquanto simultaneamente trabalhamos duro para sermos bons pais e os direcionamos da maneira adequada.

Então, em vez de focar a presença ou ausência do *Mazal Elyon* em sua vida, foque fazer o que estiver ao seu alcance para aproveitar a vida. Certifique-se de orar corretamente três vezes ao dia a D'us, a fonte de toda a riqueza; faça do estudo da Torá uma característica central do seu dia; e faça caridade da melhor forma que puder, porque esse é o melhor veículo para o *mazal* financeiro, conforme está escrito: "*Asser Te Asser*".

Em outras palavras, *Mazal Elyon* é aquilo que "goteja" do Alto para a nossa vida, algo que já foi determinado para nós. Isso inclui: a família na qual nascemos; nossa saúde física; o cenário em que crescemos. Tudo isso faz parte da nossa missão nesta vida. Esse tipo de sorte dificilmente pode ser mudado. Mas existe outro tipo de *Mazal* que pode, sim.

MAZAL TACHTON - A SORTE QUE PODEMOS MUDAR

Diferente do *Mazal Elyon*, o *Mazal Tachton* pode ser transformado. A Torá nos ensina que "*Teshuvá, Tefilá e Tzedaká maavirin et ro'a haguezerá*" – "O arrependimento (*Teshuvá*), a oração (*Tefilá*) e a caridade (*Tzedaká*) anulam os maus decretos", ou seja, nossas ações têm o poder de mudar nossa realidade. Foi por isso que o sábio Hillel disse: "Se eu não for por mim, quem será por mim?".

Assim, se você quiser melhorar sua sorte nos negócios e na vida, precisa agir de acordo com certos princípios. Aqui estão os conselhos da Cabalá para transformar sua sorte:

Arrisque, ouse, tente! – O princípio da expansão

Se você não tentar, nunca vai conseguir. Essa verdade simples separa os que realizam dos que apenas sonham. Quer ganhar na loteria? Então, precisa comprar o bilhete. Quer construir algo grandioso? Precisa dar o primeiro passo.

Afinal, no mundo dos negócios, existem dois tipos de jogadores: os que jogam para ganhar e os que jogam para não perder. Aqueles que jogam para ganhar sabem que tropeços fazem parte da jornada e que cada um traz um aprendizado que os fortalece. Já quem joga para não perder vive na defensiva, preso à mediocridade, incapaz de experimentar o extraordinário. E a ousadia sempre foi uma característica marcante do povo judeu.

Em hebraico, essa audácia é chamada de *Chutzpá* – uma coragem com propósito, um atrevimento calculado que desafia o impossível. Foi essa mentalidade que transformou Israel na *StartUp Nation*, um país com mais empresas inovadoras *per capita* do que qualquer outro no mundo. A mentalidade judaica enxerga os desafios de forma oposta à maioria: para muitos, se algo nunca foi feito, significa que é arriscado demais, mas, para os visionários, se algo nunca foi feito, então é exatamente isso que precisa ser feito.

"

Se você não tentar, nunca vai conseguir. Essa verdade simples separa os que realizam dos que apenas sonham.

Rav Sany

"

A história prova que os ousados mudam o mundo:

1. **Ousadia que criou uma nação:**
Em 1948, quando David Ben-Gurion declarou a independência de Israel, o país tinha menos de 1 milhão de habitantes, nenhum exército estruturado e inimigos por todos os lados. Muitos acreditavam que a nação recém-criada não sobreviveria nem um ano. Mas Ben-Gurion e os líderes israelenses não jogaram para evitar perder. Eles jogaram para ganhar. Desafiaram as probabilidades, construíram alianças estratégicas e, com inovação e coragem, transformaram um pedaço de deserto em uma das potências mais desenvolvidas do mundo.

2. **Ousadia que revolucionou a *tecnologia*:**
Nos anos 1990, quando a internet ainda era uma novidade, poucos enxergavam seu verdadeiro potencial. Sergey Brin e Larry Page, dois jovens estudantes da Universidade de Stanford, acreditavam que poderia haver uma maneira melhor de organizar as informações do mundo. Criaram um mecanismo de busca inovador chamado Google e, inicialmente, tentaram vendê-lo por apenas US$ 1 milhão para a Yahoo!, que recusou a proposta. Mas eles insistiram, ousaram, e hoje o Google vale mais de US$ 1 trilhão.

3. **Ousadia que criou a Tesla e o novo mercado automotivo:**

Quando Elon Musk decidiu investir na Tesla, o mercado de carros elétricos era considerado inviável. Montadoras gigantes diziam que nunca haveria demanda suficiente, e analistas previam que a Tesla falharia. Mas Musk ousou desafiar esse pensamento. Quebrou paradigmas, inovou na tecnologia de baterias, e hoje a Tesla não só lidera o setor, mas também obrigou toda a indústria automobilística a se reinventar.

A sorte não favorece os passivos. Se você permanecer na sua zona de conforto, sua vida nunca mudará. A Cabalá nos ensina que a realidade é moldada pela nossa atitude. A energia do universo responde à ação, ao movimento, à decisão. O primeiro passo pode parecer o mais difícil, mas é ele que inicia a transformação. Por isso, arrisque. Ouse. Vá além. O extraordinário nunca está na zona de conforto – ele pertence aos que desafiam o impossível.

Defina prazos – o poder do deadline

O prazo é seu melhor aliado.

Se você não colocar um prazo para suas metas, elas nunca sairão do papel. Quantos projetos brilhantes nunca viram a luz do dia simplesmente porque ficaram presos na gaveta da procrastinação? Até mesmo este livro só foi publicado porque estabelecemos uma meta e um prazo concreto com a editora. O tempo é seu ativo mais precioso. Na Torá, há um ensinamento profundo sobre isso. Quando D'us criou o *Malach HaMavet* – o Anjo da Morte –, Ele declarou: "*Ve hinê Tov Meod*" – "Eis que isso é ótimo".

Mas como assim? A morte é algo bom?

Sim. Porque é a consciência do tempo limitado que nos faz valorizar a vida. Se tivéssemos a eternidade para agir, passaríamos os dias procrastinando, sempre deixando para amanhã. Mas o prazo nos obriga a tomar decisões, a sair da inércia e transformar planos em realidade.

Vejamos alguns exemplos de quem definiu prazos e mudou o mundo:

1. **O *deadline* que levou o homem à Lua:**
Em 1961, quando o presidente John F. Kennedy declarou que os Estados Unidos colocariam um homem na Lua até o final da década, parecia um sonho distante. Naquele momento, os americanos nem sequer tinham um foguete capaz de completar a missão. Mas o prazo forçou a NASA a inovar rapidamente. O que poderia levar cinquenta anos para ficar pronto foi condensado em menos de uma década, e em 1969 Neil Armstrong deu o primeiro passo na Lua.

A sorte não favorece os passivos. Se você permanecer na sua zona de conforto, sua vida nunca mudará.

Rav Sany

2. **O prazo que criou a Apple:**
Em 1976, Steve Jobs e Steve Wozniak receberam um pedido de cinquenta computadores Apple I. O problema? Eles não tinham peças nem dinheiro suficiente para produzi-las. Mas havia um prazo de entrega e eles precisavam cumprir. Jobs conseguiu negociar componentes, fez fiado, trabalhou dia e noite e, dentro do prazo, foi possível entregar as máquinas. Esse primeiro lote foi o pontapé inicial que lançou a Apple ao sucesso.

3. **O *deadline* que criou um programa de TV:**
Em 2020, no auge da pandemia, quando tudo estava parado, nasceu o *Rav Sany Live Show*. Naquela época, não tínhamos uma grande estrutura – apenas um celular, um tripé e muita vontade de inspirar pessoas. Mas estabelecemos um prazo e começamos com o que tínhamos. Se tivéssemos esperado as condições ideais, o programa nunca teria saído do papel. Hoje, ele é exibido em emissoras de prestígio, com estúdios sofisticados em nossa própria sede.

A verdade é simples: "O perfeito é inimigo do feito". Se você está esperando as condições perfeitas para começar, pare agora. O tempo não espera ninguém. Defina um prazo. Coloque-se em movimento. Faça acontecer.

Comece hoje!

A verdade é simples:
"O perfeito é inimigo do feito". Se você está esperando as condições perfeitas para começar, pare agora.

Rav Sany

Você já tem tudo o que precisa

Muitas pessoas olham para os bem-sucedidos e pensam: "Eles têm algo que eu não tenho". Isso é um erro. Você já tem todas as ferramentas dentro de si. Lembre-se todos os dias, sem cessar, de que foi criado à imagem e semelhança do Eterno. Isso significa que você carrega dentro de si dons divinos e um potencial infinito. O problema não é a falta de capacidade, mas a crença limitante de que algo externo falta para que você avance.

O professor Richard Wiseman, em sua pesquisa sobre sorte, descobriu algo surpreendente: As pessoas consideradas "sortudas" acreditam que vão vencer. Elas visualizam suas conquistas, verbalizam seus sonhos e têm uma mentalidade vencedora. Veja o caso de Howard Schultz, fundador da Starbucks. Quando era jovem, ele viu sua família enfrentar dificuldades financeiras e decidiu que, um dia, criaria um negócio que faria a diferença. Ele não nasceu rico, não herdou um império, mas tinha uma visão clara e acreditava nela com todas as forças. Com persistência, transformou uma pequena cafeteria de Seattle na maior rede de cafés do mundo.

Se você quer mudar seu *mazal*, mude sua mentalidade. Se sua mente está programada para vencer, você enxergará no mundo os caminhos para isso acontecer. Quem acredita realiza.

Enxergue além do presente

Um grande cabalista escreveu: "As pessoas vivem ao lado de uma sepultura aberta". O que isso significa? Que somos finitos. No entanto, muitos vivem como se tivessem todo o tempo do mundo, desperdiçando oportunidades, adiando decisões e deixando o essencial para depois. Aproveite cada momento e coloque sua energia no que realmente importa.

A história está cheia de exemplos de quem enxergou além do presente e deixou um legado. Um deles é Walt Disney, que foi demitido de um jornal por "falta de criatividade", mas não deixou que aquele momento definisse seu futuro. Ele enxergava além, via mundos que ninguém mais via, e construiu um império de entretenimento que transformou a infância de gerações.

O tempo passa rápido.
O que você quer deixar como legado?

Jamais se esqueça de que você pode mudar seu destino, pode moldar seu *Mazal Tachton* por meio de suas ações. Se você aplicar esses princípios, verá mudanças reais em sua vida e negócios. A sorte não é apenas um fator aleatório, mas uma consequência de atitude, mentalidade e ação alinhadas. Você pode dizer que quer ter sorte. Ou pode agir para criar sua própria sorte.

Todas as pessoas consideradas sortudas têm os mesmos hábitos, pode reparar. Então, a escolha é sua!

Agora que aprendemos a transformar nossa sorte, surge a próxima questão: qual é o verdadeiro caminho para a tão cobiçada prosperidade? Existe um código para atrair riqueza de forma ética e duradoura? No 5º Portal, vamos explorar a abundância e a prosperidade segundo a visão da Cabalá.

5º PORTAL

A MENTALIDADE PRÓSPERA

A verdadeira prosperidade não começa pelo dinheiro, mas pela mente. Neste portal, vamos desbloquear a mentalidade da abundância, entender por que algumas pessoas conquistam riquezas e sucesso, enquanto outras ficam estagnadas, e aprender como transformar nossa realidade financeira e profissional por meio dos ensinamentos milenares da Cabalá.

A sabedoria judaica ensina que a prosperidade é um reflexo direto da consciência e das ações de cada pessoa. Como está escrito na Torá: "E lembrarás do Eterno, teu D'us, porque Ele te dá força para adquirires riqueza" (Devarim 8:18). Isso significa que a capacidade de prosperar já está dentro de nós, mas precisamos ativá-la com a mentalidade correta.

AS PERGUNTAS DE QUEM NÃO PROSPEROU

Muitas pessoas se questionam: "Por que eu não consegui?", "Por que eu não prosperei como ele?", "Por que ele conseguiu e eu não?". Essas perguntas carregam uma mentalidade de escassez e fracasso. O Rei Salomão, o homem mais rico e sábio de sua época, ensinou em Provérbios 23:7: "Assim como o homem pensa em seu coração, assim ele é". Se sua mente está presa à comparação e à inveja, você está bloqueando sua própria capacidade de prosperar.

Em vez de olhar para o sucesso dos outros com frustração, pergunte-se: "O que posso aprender com essa pessoa? Como posso crescer a partir daqui?". A Cabalá ensina que cada desafio é uma oportunidade de expansão. O segredo está em transformar a própria realidade em vez de apenas reagir ao mundo externo.

A REGRA 80/20 DA PROSPERIDADE

Você já ouviu falar na regra 80/20 da prosperidade? Ela afirma que 80% da riqueza mundial está nas mãos de 20% das empresas e das pessoas. Ou seja, 20% das pessoas têm acesso ao que os outros 80% nunca alcançam. O que faz esses 20% prosperarem enquanto os outros 80% continuam na mediocridade? A resposta está na mentalidade próspera.

A Cabalá nos ensina que o sucesso começa na mente e reflete na realidade. Se você quer ser parte do grupo que prospera, precisa adotar os princípios da mentalidade de abundância. Um exemplo poderoso é a história de Yossef (José) no Egito. Vendido como escravo por seus irmãos, poderia ter caído na autocomiseração e se tornado uma vítima das circunstâncias. Mas ele escolheu manter sua mentalidade próspera. Mesmo como servo, trabalhou com excelência na casa de Potifar e depois, injustamente preso, tornou-se o administrador da cadeia. Sua visão clara e sua fé em D'us o levaram a interpretar os sonhos do faraó e, eventualmente, a governar todo o Egito. Ele não se perguntou "Por que isso aconteceu comigo?", mas sim "Como posso crescer com isso?". Esse é o pensamento de quem prospera.

PRIMEIRO PILAR DA PROSPERIDADE: TENHA CLAREZA EM SUAS METAS

Sem clareza, não há sucesso. Muitas pessoas não prosperam porque não sabem claramente o que querem na vida. A Cabalá chama isso de *Behirut* (clareza absoluta). Se você perguntar a alguém "O que você quer ser?", e a resposta for: "Quero ser rico" ou "Quero ser um grande empresário" ou "Quero ser um líder", essas não são respostas claras. Clareza significa ser específico. Veja a diferença: "Quero faturar R$ 1 milhão até dezembro deste ano"; "Quero ler trinta livros de negócios até o final do ano"; "Quero abrir minha empresa e conquistar cem clientes no primeiro ano". Uma meta bem definida é aquela que pode ser explicada até para uma criança de seis anos.

E você sabia que apenas 3% das pessoas escrevem suas metas? Esses 3% são os que dominam o mundo. No *Tanach* – Livro de Habacuk (2:2), encontramos um ensinamento poderoso: "Escreve a visão e torna-a clara sobre tábuas, para que a possa ler até aquele que passa correndo". Isso significa que sua visão deve ser tão objetiva e clara que qualquer um que a veja compreenda-a no mesmo instante.

“

Se você quiser ser um dos 20% que prosperam, precisa estar entre esses 3% que sabem exatamente aonde querem chegar e colocam isso no papel.

Rav Sany

”

SEGUNDO PILAR DA PROSPERIDADE: CRIE UM PLANO DE AÇÃO DETALHADO

Saber o que se quer é essencial, mas não suficiente. Sem um plano de ação estruturado, a visão de futuro permanece apenas como um sonho distante. A Cabalá ensina que a criação do mundo ocorreu de forma ordenada: primeiro veio a intenção, depois a organização e, por fim, a manifestação. Assim também deve ser a caminhada rumo à nossa verdadeira realização e prosperidade.

Pergunte-se: "O que preciso fazer para alcançar minha meta? Com quem preciso falar? Que livros devo ler? Quais eventos e ambientes devo frequentar? Como devo me vestir e me portar para atingir esse objetivo?".

A história de **Mordechai**, na época da Rainha Ester, é um exemplo poderoso disso. Quando Hamán planejou destruir o povo judeu, Mordechai não se desesperou. Ele traçou um plano: orientou Ester a se posicionar no palácio com coragem, organizou jejuns coletivos, buscou apoio espiritual e político – e cada ação foi estratégica, direcionada e consciente.

Seu sucesso não foi fruto do acaso, mas da clareza, da preparação e da execução fiel a um propósito maior. **Ele entendeu que milagres acontecem quando a ação humana se alinha com a vontade Divina.**

David HáMelech, o rei David antes de ser rei, era apenas um jovem pastor desconhecido. Mas ele nunca subestimou as oportunidades de se preparar: cuidava das ovelhas com excelência, enfrentava leões e ursos, treinava coragem, fé e estratégia dia após dia.

Quando o momento chegou – diante de Golias – ele não hesitou. Porque já estava preparado. Ele não venceu o gigante apenas com fé, mas com habilidade treinada, com visão clara e com a confiança de quem sabia que cada pequeno desafio do passado foi parte do seu treinamento para a grandeza.

Seu sucesso foi o somatório da prática silenciosa com a coragem consciente.

A vida de **Stef Wertheimer**, um dos empresários mais bem-sucedidos da história de Israel, ilustra perfeitamente a força da visão planejada e da execução estratégica.

Wertheimer nasceu na Alemanha e imigrou para Israel antes da Segunda Guerra Mundial. Começou sua vida no novo país como um simples operário. Sem diploma universitário, mas com uma visão clara: queria transformar Israel em um polo de indústria e inovação.

Ele não esperou que as oportunidades viessem até ele. Planejou seu caminho:

* Aprendeu sozinho engenharia mecânica e metalurgia.
* Buscou quem poderia ajudá-lo a abrir portas.
* Frequentou eventos industriais, mesmo como simples aprendiz.
* Estudava modelos de sucesso de outros países e os adaptava para a realidade israelense.

Com o tempo, fundou a **Iscar**, uma empresa de ferramentas de precisão, que se tornou referência mundial. Em 2006, a Iscar foi vendida para a Berkshire Hathaway de Warren Buffett por bilhões de dólares – sendo a primeira compra internacional de Buffett na história.

Lição real:

Wertheimer não teve um caminho fácil nem atalhos. Mas com clareza de visão, busca ativa de conhecimento e preparação incansável, ele transformou sonhos em realidade e mudou o destino industrial de Israel.

Seu sucesso foi a somatória de visão + ação estratégica + resiliência.

Não bastava apenas sonhar alto – era preciso enxergar longe com os pés firmes no chão, tomar decisões corajosas mesmo diante da incerteza e seguir em frente quando tudo gritava para desistir. Ele compreendeu que cada obstáculo escondia uma oportunidade disfarçada, e que cada queda carregava uma lição essencial para o próximo nível. A visão deu direção, a estratégia construiu o caminho e a resiliência garantiu que ele continuasse, mesmo quando o mundo parecia desabar ao redor.

"

O sucesso nunca é acidente.
É a colheita daqueles que
planejam cada passo, com
fé, foco e perseverança.

Rav Sany

"

TERCEIRO PILAR DA PROSPERIDADE: TOME UMA AÇÃO TODOS OS DIAS

A empolgação é passageira, mas a disciplina gera resultados duradouros. Quantas vezes você já assistiu a uma palestra inspiradora e não fez nada com isso? Leu um livro incrível e não aplicou o que aprendeu? Teve um *insight* brilhante e o deixou morrer?

A Ética dos Pais (Pirkê Avot 1:14) nos ensina: "*Im lo achshav, eimatai?*" – "Se não for agora, quando?". Moshé Rabenu (Moisés) também nos dá um exemplo poderoso de ação imediata. Quando o povo de Israel estava diante do Mar Vermelho, com o exército egípcio se aproximando, os israelitas hesitaram. Mas Nachshon Ben, filho de Aminadav, tomou uma decisão: entrou no mar até que as águas chegassem a suas narinas, e assim, depois de sua demonstração de fé, elas se abriram.

A mensagem é clara: a providência divina age quando tomamos iniciativa!

"

Crie o hábito de dar pelo menos um passo por dia em direção ao seu objetivo. O progresso é acumulativo. O que você não fizer hoje continuará não feito amanhã.

Rav Sany

"

QUARTO PILAR DA PROSPERIDADE: MANTENHA UMA MENTALIDADE RICA

A verdadeira diferença entre ricos e pobres não é dinheiro, mas a forma de pensar.

Mentalidade Pobre:

* Acredita que habilidades são fixas.
* Vê desafios como ameaças.
* Tem inveja do sucesso alheio.
* Culpa o mundo pelo próprio fracasso.

Mentalidade Rica:

* Acredita que tudo pode ser aprendido.
* Vê desafios como oportunidades.
* Inspira-se no sucesso dos outros.
* Assume responsabilidade pela própria vida.

“

A mudança de mentalidade é um compromisso. A partir de hoje, substitua “não posso” por “ainda não decidi poder”.

Rav Sany

”

QUINTO PILAR DA PROSPERIDADE: REESCREVA SEU DESTINO

A história de Reish Lakish é inspiradora. Um dia, ele viu um homem atravessando um rio com grande destreza e, impressionado, decidiu alcançá-lo. Quando chegou perto, descobriu que era Rabi Yohanan, um grande sábio. Este lhe disse: "Se você usasse essa força para o bem, seria um grande estudioso da Torá".

Reish Lakish aceitou o desafio e se transformou em um dos maiores mestres do Talmud. Se um ladrão pode se tornar um gênio, qualquer pessoa pode reescrever seu destino. A chave está na decisão de mudar.

Essa história não é apenas sobre transformação – é sobre enxergar grandeza onde o mundo só vê ruína. Rabi Yohanan teve a visão espiritual de olhar para além da superfície e reconhecer o potencial latente de Reish Lakish. E este, por sua vez, teve a humildade e a coragem de abandonar uma vida errada para mergulhar profundamente na sabedoria. Ele não apenas mudou de caminho; ele mudou de identidade, de propósito, de legado. A força que antes era usada para o roubo foi canalizada para o estudo, para a construção, para a luz.

Isso nos ensina que ninguém está preso ao seu passado. Nenhuma história é irreversível quando há um verdadeiro encontro com a verdade. O mesmo vigor que usamos para errar pode ser redirecionado para realizar. O mesmo ímpeto que nos levou a caminhos de dor pode ser reconfigurado para trilhas de propósito. Há dentro de cada ser humano uma centelha divina,

“

Portanto, o caminho para o sucesso está nas suas mãos. A riqueza e a realização estão ao seu alcance. O momento de agir é agora!

Rav Sany

”

esperando ser despertada por um encontro, uma palavra, uma escolha. Reish Lakish prova que não importa de onde viemos – importa o que decidimos fazer daqui pra frente.

O CAMINHO PARA A VERDADEIRA PROSPERIDADE

Prosperar, como vimos, não é apenas uma questão de dinheiro, mas de mentalidade, clareza e propósito. Como ensinava o *Baal Shem Tov*, o fundador do movimento chassídico: "Onde está seu pensamento, ali você estará". Se sua mente está fixada na escassez, é lá que você permanecerá. Se sua mente está focada na expansão, a prosperidade irá se tornar inevitável.

Você foi criado para prosperar, não apenas para sobreviver. É hora de mudar sua forma de pensar, alinhar-se com os princípios da Cabalá e desbloquear a verdadeira abundância que D'us já preparou para você.

Em resumo, se você deseja sucesso, siga estes princípios:

- Tenha clareza sobre o que quer.
- Crie um plano detalhado.
- Tome uma ação diária.
- Adote uma mentalidade rica.
- Reescreva seu destino.

A riqueza e a realização estão ao seu alcance – mas você precisa agir com estratégia e determinação.

"Pensar como próspero é o primeiro passo. Agir como uma fonte de abundância é o passo seguinte."

Rav Sany

Após atravessar o Portal da Mentalidade Próspera, você despertou para uma verdade espiritual poderosa: a prosperidade começa na mente, mas precisa se manifestar na ação.

Por isso, agora se abre diante de você o Portal de *Chesed* – a Generosidade. Nesse portal, sua prosperidade interna se transforma em luz para o mundo externo.

A verdadeira mentalidade próspera não se mede apenas pelo que se conquista, mas principalmente pelo quanto se compartilha. É pela bondade ativa que você sela sua parceria com o Criador.

"Quem abre sua mão para o próximo,
abre os céus para si mesmo."

Prepare-se para entrar no Portal do *Chesed*. Porque prosperar é bom. **Mas fazer prosperar é divino.**

6º PORTAL

CHESED
GENEROSIDADE

A bondade e generosidade, materialismo e espiritualidade são os ideais para o equilíbrio do sucesso. Muitos acreditam que o judaísmo se opõe à busca pela riqueza e ao sucesso material. No entanto, essa ideia está longe da verdade.

A VERDADEIRA RIQUEZA É TRABALHAR POR UM PROPÓSITO

Na Cabalá, o dinheiro não é um problema, ele é uma ferramenta para realizar propósitos nobres maiores. Em hebraico, dinheiro é "*Kessef*", כסף, cuja raiz "*Kissuf*" significa "desejo". Isso simboliza que o dinheiro representa o desejo humano de realização e crescimento. Sem ele, o mundo perderia sua ambição, seu movimento e seu propósito.

No entanto, a Cabalá ensina que o dinheiro não pode ser um fim em si. Ele deve estar vinculado a um propósito maior. Ele deve ser um meio para impactar e transformar vidas. Quando você vincula sua empresa, seu trabalho e seus negócios a um propósito espiritual, D'us se torna seu sócio. E se D'us é seu sócio, o fracasso não é uma opção. É a Ele que pedimos, no Ano Novo Judaico, por vida e prosperidade. Mas veja o que dizemos nas orações desse dia: "*Zochreinu Lechaim, Melech Chafetz Bachaim, Vechotveinu Besefer*

Hachaim Lemaancha Elokim Chaim" – "Lembra-nos para a vida, Rei que deseja a vida, e escreve-nos no Livro da Vida – para Ti, D'us Vivo". Ou seja, não pedimos apenas vida e sucesso, mas sim que possamos servir a um propósito maior.

Além disso, é importante pontuar que negócios extraordinários não nascem apenas de boas estratégias, mas de uma missão clara e impactante. Quando seu empreendimento se torna um canal para o bem, ele se transforma em uma fonte inesgotável de bênçãos. Voltemos ao exemplo de Howard Schultz, fundador da Starbucks, que recebeu um dos maiores prêmios de ética empresarial. Em seu discurso, ele revelou um encontro que mudou sua visão sobre negócios. Ele visitou um sábio rabino, o Rabino Natan Tzvi Finkel, que liderava uma academia talmúdica chamada Mir, com mais de sete mil alunos.

O rabino olhou nos olhos dele e perguntou: "Qual é a maior lição que aprendemos com o Holocausto?". Schultz ficou em silêncio, aguardando a resposta. O rabino, então, disse: "Nos campos de concentração, quando os nazistas jogavam um único cobertor para dezenas de prisioneiros, o que acontecia? Aquele que pegava o cobertor tinha duas opções: ou se cobria sozinho, ou esticava o cobertor para dividir com os outros. Eu vi pessoas esticando seus cobertores para ajudar quem estava ao lado". E, então, finalizou: "Sr. Schultz, volte para a América e estique seu cobertor para o maior número de pessoas possível".

O PRINCÍPIO DA MULTIPLICAÇÃO: *"ASSER TE'ASSER"* – O DÍZIMO COMO CHAVE DA RIQUEZA

Na Torá, encontramos uma promessa divina sobre o dinheiro: "*Asser Te'asser*" – "Separe o dízimo" (Devarim 14:22). Mas os nossos sábios comentaristas da Torá ensinam a linguagem dupla como uma fonte de explicação, conectando a raiz similar *Ashirut* (riqueza). Assim, não leia "*Asser Te'asser*". Leia "*Aser Kedei she Tit'asher*" (Ofereça o dízimo para que você enriqueça).

Em outras palavras, a generosidade não reduz sua riqueza, ela a multiplica. D'us literalmente nos desafia a testá-Lo nesse princípio: "Pode Me testar nisso. Separe o dízimo e verá que sua riqueza aumentará" (Malaquias 3:10). A generosidade abre portas que o dinheiro sozinho jamais abriria.

O PRAZER DE AJUDAR: O CASO DA PIZZA E O MENDIGO

Certa noite, ao voltar para casa, eu estava com uma pizza *kásher* que seria meu jantar. No semáforo, vi um homem segurando uma placa: "Estou com fome. Me ajude, pelo amor de D'us". Entreguei minha pizza a ele. Cheguei à minha casa com fome, mas o prazer que senti por ajudar foi muito maior do que o que sentiria ao comer aquela pizza.

Isso acontece porque o *Chesed* (generosidade) é parte das características divinas de nossa alma. Quando ajudamos, nós nos conectamos com nossa essência divina e, consequentemente, com *Hashem*, e sentimos um prazer espiritual inigualável.

"Aquele que é misericordioso com os outros, o Céu é misericordioso com ele." (Talmud Bavli, Shabat 151b)

Imagine-se diante de uma bifurcação. Uma estrada leva ao lucro. A outra, ao propósito. A maioria corre para a primeira, mas o verdadeiro crescimento – aquele que perdura, que inspira e que transcende – é reservado àqueles que escolhem a segunda. Não porque ela seja mais fácil, mas porque ela é mais elevada.

Esse é o caminho de *Chesed*: a bondade ativa. Não aquela bondade passiva, circunstancial, mas a generosidade como escolha, como pilar, como identidade.

Na Cabalá, *Chesed* é a primeira das sete *sefirot* emocionais da Árvore da Vida. Está posicionada no lado direito do diagrama sagrado, o lado que representa expansão, doação e fluxo. *Chesed* é a energia de dar sem medidas, de amar sem condições, de estender a mão mesmo quando a lógica diz para recuar.

É por isso que a Torá diz: "O mundo é construído com *Chesed*" (Tehilim 89:3). Sem bondade, o mundo desmorona. Com ela, tudo floresce.

CHESED NO DNA DO POVO JUDEU

Desde os tempos de Avraham Avinu, nosso patriarca, a marca registrada do povo judeu tem sido a hospitalidade, a bondade e o acolhimento. Avraham não esperava que as pessoas batessem à sua porta – ele ia ao encontro dos viajantes, mesmo após sua circuncisão, com dor e debaixo do sol ardente.

Essa é a origem espiritual de *Chesed* em nós. Não damos porque sobra. Damos porque é quem somos.

No livro de Iyov (Jó), lemos: "Eu era olhos para o cego e pés para o aleijado". A bondade está na essência do ser humano que deseja se tornar mais próximo do Criador.

O povo judeu sempre sobreviveu por isso. Em cada geração, comunidades se sustentaram umas às outras com Gemach (organizações de empréstimo sem juros), hospitais comunitários, fundos de educação, ajuda para casamento, alimentação de famílias necessitadas. Tudo isso sem publicidade, sem vaidade – apenas pela *mitzvá* de amar ao próximo.

CHESED COMO ESTRATÉGIA DE LIDERANÇA

Muitos líderes acreditam que autoridade vem do medo ou do controle. A Cabalá ensina o oposto: a liderança verdadeira nasce do serviço. Quando um CEO ou dirigente pratica *Chesed*, ele não perde autoridade – ele a multiplica.

As equipes se engajam mais com líderes que se importam. A confiança cresce. O senso de propósito se alastra. Isso cria uma cultura organizacional em que todos sentem que fazem parte de algo maior.

Veja o exemplo de Shlomo Yehuda Rechnitz, filantropo americano que doou milhões para hospitais e *yeshivot*, mas também para pagar o casamento de órfãos e dívidas de desconhecidos. Certa vez, ao entrar em um hospital, viu que os pacientes em uma ala não tinham TVs. Na mesma semana, comprou dezenas de aparelhos. Sua empresa prospera porque ele entende: liderança é generosidade com poder.

QUANDO A BONDADE MUDA UMA VIDA

Em uma ocasião, fui procurado por uma mulher que havia perdido o emprego e estava à beira do desespero. O marido havia adoecido, os filhos pequenos, e as contas se acumulavam. Ela não pedia esmola. Só queria orientação.

Orientei como buscar ajuda, conectei com uma rede de apoio comunitário, e consegui que uma empresa contratasse ela como assistente administrativa. Meses depois, ela me procurou com lágrimas nos olhos: "Rabino, a sua ajuda salvou minha família".

Não foi o valor financeiro que mudou sua vida – foi a confiança, o cuidado, o olhar. Isso é *Chesed*: perceber o outro quando ele se sente invisível.

O SEGREDO DO FLUXO: NÃO PARE A ÁGUA

A Cabalá compara a bênção ao fluxo de um rio. Se você represar a água e guardá-la para si, ela estagna e apodrece. Mas se você direciona, compartilha e canaliza, ela continua fluindo, renovada e abundante.

Assim é com a bondade. Quando você dá, você se torna canal. Quando segura, você bloqueia a si mesmo.

A pergunta que o empreendedor deve fazer diariamente é: "O que estou retendo que deveria estar fluindo?".

CHESED NAS NOVAS GERAÇÕES

Vivemos a era da conexão digital, mas da solidão emocional. Nunca estivemos tão próximos por telas – e tão distantes por dentro.

Ensinar *Chesed* às novas gerações é um ato de resgate. Levar nossos filhos a doar brinquedos, visitar idosos, ajudar colegas, ouvir com empatia – isso é plantar luz no coração do futuro.

Educar para a bondade é garantir que, mesmo em um mundo veloz, o calor humano não será perdido.

CHESED NA ERA EMPREENDEDORA

Startups que integram impacto social às suas soluções crescem mais. Investidores já não olham só para ROI, mas para ESG, impacto real, legado.

Grandes marcas como Toms, Warby Parker, Patagonia e empresas israelenses que nasceram com DNA de impacto mostram que *Chesed* não é só um valor espiritual – é uma vantagem competitiva.

A pergunta não é mais: "Quanto você vende?". Mas: "Como o que você vende melhora o mundo?".

CONCLUSÃO – A CHAVE DO PRÓXIMO PORTAL

O 6º portal nos ensina que o maior ativo de uma empresa não está no seu caixa, mas no seu coração. Não está nos seus resultados, mas nas suas intenções.

A bondade é a ponte entre a espiritualidade e os negócios. E é ela que prepara o terreno para o próximo nível: **influência com alma, autoridade com propósito e liderança que deixa legado.**

Se você chegou até aqui, é porque algo dentro de você deseja mais que sucesso: deseja sentido.

Anote. Declare. E pratique:

Hoje, eu estendo meu cobertor. Hoje, eu me torno canal. Hoje, eu pratico *Chesed* – e deixo D'us ser meu sócio.

Prepare-se. O próximo portal revelará como transformar propósito em influência. Como ocupar seu lugar com luz, coragem e voz.

Você está pronto para isso. E o mundo está esperando você assumir esse papel.

Parabéns por chegar até este ponto! Mentalize qual propósito nobre maior vinculará ao seu empreendimento e registre-o.

7º PORTAL

NETZACH
A CONSTRUÇÃO DO LEGADO E DA ETERNIDADE

Após explorar a essência da alma, a sabedoria, o autocontrole, a mudança da sorte, a clareza e a generosidade, agora chegamos ao ápice: *Netzach*, que significa eternidade, permanência, impacto duradouro.

O que as pessoas dirão sobre você quando você não estiver presente? Qual marca você deixará no mundo? O que será lembrado da sua trajetória, da sua empresa, da sua liderança?

Nada disso acontece por acaso. Criar um legado envolve decisões firmes, coragem e resiliência. É disso que trata este portal.

O PODER DA DECISÃO – O SEGREDO DOS GRANDES LÍDERES

Um dos maiores erros que impedem a construção de um legado é a indecisão. Pessoas de sucesso decidem rapidamente. Elas erram, corrigem, mas seguem adiante. Uma história poderosa sobre legado e a coragem de decidir sem medo é a de Theodore Roosevelt e seu famoso discurso "O Homem na Arena":

Em 1910, Theodore Roosevelt, ex-presidente dos EUA, fez um discurso histórico na Universidade de Sorbonne, em Paris. Ele falou sobre a diferença entre aqueles que criticam e aqueles que realmente fazem a diferença no mundo. No auge do discurso, ele disse: "Não é o crítico que importa, nem aquele que aponta onde os outros tropeçaram. O crédito pertence ao homem que está na arena, cujo rosto está coberto de poeira, suor e sangue; que luta bravamente, que erra e falha, mas que nunca se rende. Pois não há esforço sem erro e sem falha. O mérito pertence àquele que luta de verdade; que conhece grandes entusiasmos, grandes devoções e se entrega a uma causa digna. Que, na melhor das hipóteses, conhece o triunfo da grande conquista e que, na pior, se cair, pelo menos cai tendo ousado grandemente. De modo que seu lugar nunca será entre aquelas almas frias e tímidas que não conhecem nem a vitória, nem a derrota".

Essa mensagem é um grito de guerra para todos os que hesitam por medo de errar. Roosevelt não falava apenas em teoria. Ele mesmo viveu esse princípio. Antes de ser presidente, era um jovem frágil, asmático, que os médicos diziam que não teria uma vida longa. Em vez de aceitar esse destino, ele decidiu se fortalecer, treinando boxe, cavalgando, caçando e se tornando um dos líderes mais resilientes da história americana. Durante sua vida, Roosevelt enfrentou tragédias devastadoras, como a perda de sua mãe e esposa no mesmo dia. Em vez de sucumbir à dor, ele tomou uma decisão radical: foi para o Oeste americano, viveu como um caubói e se reinventou.

Se Roosevelt tivesse se paralisado pelo medo, pela dor ou pelas críticas, jamais teria construído seu legado como um dos maiores líderes dos EUA. Essa história nos ensina que o mundo não pertence aos críticos, aos que hesitam ou aos que têm medo de errar. Ele pertence àqueles que entram na arena, tomam decisões corajosas e lutam pelo seu legado, independentemente das dificuldades.

A lição? Decida. Aja. Não se preocupe com os críticos. Como diz uma poderosa frase atribuída a Winston Churchill:

"O sucesso é ir de fracasso em fracasso sem perder o entusiasmo."

O exemplo de Avraham – o primeiro empreendedor da história

Na Torá, Avraham Avinu (Abraão, nosso patriarca) recebeu um título especial: Avraham Há Ivri – Abraão, o Hebreu. Mas o que significa *Ivri*? *Ivri* vem de *Éver*, que significa "margem". Ou seja, ele estava de um lado, enquanto o mundo inteiro estava do outro. Ele nadou contra a correnteza, rompeu padrões e escolheu um caminho diferente de todos.

Isso é legado.

"Se você seguir a multidão, será apenas mais um. Se você for fiel aos seus valores e tomar decisões corajosas, será lembrado para sempre."

A história de Steve Jobs e a decisão que mudou tudo

Steve Jobs foi demitido da própria empresa que fundou, a Apple. Ele poderia ter desistido. Mas, em vez disso, ele decidiu criar novas empresas. Uma delas, a Pixar, revolucionou a animação. Outra, a NeXT, que posteriormente foi comprada pela Apple, levou Jobs de volta ao comando da empresa, porém já casado e com filhos.

A Apple renasceu e se tornou uma das companhias mais valiosas do mundo. Por quê? Porque Jobs tomou decisões corajosas e seguiu em frente. Ele, no seu discurso memorável em Stanford no ano de 2005, afirmou que tudo isso foi um remédio amargo, mas que ele, enquanto doente, precisava disso.

A FORÇA DAS ESCOLHAS INVISÍVEIS

Há decisões que ninguém vê, mas que definem tudo. Há silêncios que falam mais alto que discursos. Há posturas diante da tentação, da vaidade ou da ambição, que mesmo não sendo celebradas em público, constroem colunas invisíveis que sustentam a eternidade de alguém. O legado começa onde os olhos não enxergam – nos bastidores da alma. São os pequenos "sim" e "não" diários que tecem a fibra de quem seremos lembrados por ter sido.

Rav Israel Meir Kagan, conhecido como Chafetz Chaim, certa vez foi visto varrendo a escada da sua pequena *yeshivá* com enorme cuidado, antes que os alunos chegassem. Quando um jovem tentou tomar a vassoura de suas mãos, ele sorriu e disse:

"Esta escada também faz parte do serviço divino. Os alunos precisam subir por ela com segurança". Uma escada. Um gesto. Uma lição de eternidade.

Essa visão é *Netzach*: fazer do detalhe um ato de grandeza. Fazer do cotidiano uma escada para a eternidade. Liderar sem precisar de títulos. Marcar sem precisar aparecer. Fazer o bem onde ninguém está olhando. Como diz o Talmud: "A recompensa maior não é para quem realiza diante da multidão, mas para quem persiste quando todos já foram embora".

DEIXE PEGADAS ONDE HOUVE AREIA

A areia é símbolo daquilo que o vento leva. Mas o legado deixa marcas até mesmo nela. Não há terreno em que a alma determinada não possa imprimir seus passos. Mesmo na instabilidade, mesmo nas dores, mesmo nos desertos – há sempre um espaço onde deixar uma trilha.

Talvez sua empresa, seu nome, sua história estejam sendo escritos num tempo instável. Mas é justamente aí que sua resistência deixará pegadas. E alguém virá depois e seguirá por esse mesmo caminho. Talvez um filho. Talvez um aluno. Talvez alguém que você nem conhecerá. Por isso, cada atitude sua importa.

Netzach é ser referência quando o mundo perde o rumo. É ser coerente em tempos de contradição. É escolher o certo em vez do conveniente. É ensinar não só com palavras, mas com exemplo diário, repetido, teimoso. Porque o mundo muda por teimosia santa: de quem insiste na bondade mesmo diante da frieza, na fé mesmo diante da descrença, na retidão mesmo diante do cinismo.

Como disse Rav Jonathan Sacks z"l: "Nunca subestime o impacto de uma boa ação. O que para você pode ser um gesto simples, para alguém será uma semente de eternidade".

A ETERNIDADE COMEÇA NO CUIDADO

Netzach não é apenas resistência; é também zelo. É a capacidade de cuidar do que parece pequeno demais, do que a maioria ignora. Quem cultiva o zelo nas pequenas coisas está apto a guardar grandes tesouros.

É por isso que os líderes mais eternos da nossa tradição judaica foram também os mais humildes. O Rei David, mesmo sendo soberano de Israel, jamais perdeu a conexão com o pastoreio. Seu legado não foi apenas o trono – foi o salmo. Foi a poesia. Foi a alma derramada em versos que até hoje inspiram reis e crianças.

Cada salmo seu é uma marca no tempo, uma alma que gritou, que caiu, que se levantou. E isso é *Netzach*: a coragem de viver com vulnerabilidade santa, de ser humano e divino ao mesmo tempo, de sentir e de servir com a mesma intensidade.

A eternidade não nasce da grandiosidade, mas da intimidade. É no cuidado com a alma, com os outros e com a missão que a luz do *Netzach* se acende – e jamais se apaga.

A ALMA DO EMPREENDEDOR E O RITMO DA ETERNIDADE

No mundo acelerado dos negócios, fala-se de metas, de trimestres, de lucro e performance. Mas o empreendedor que deseja deixar legado precisa ajustar seu compasso para além do relógio – ele precisa ouvir o ritmo da alma.

Você pode fechar negócios milionários e ainda assim fracassar diante da sua consciência. Pode ser celebrado por multidões e sentir que traiu sua essência. *Netzach* é quando você decide viver com verdade, mesmo que isso custe a aprovação dos outros.

Netzach é o CEO que fecha as portas para um contrato porque percebeu que aquele parceiro não compartilha seus valores. É o investidor que diz "não" ao lucro fácil e "sim" ao longo prazo ético. É o mentor que inspira com silêncio, com integridade e com escuta.

A eternidade, no fim, é um ritmo. Um ciclo. Uma dança entre constância e coragem. Entre zelo e ousadia. Entre fé e ação. Que você saiba dançá-la com sabedoria.

A FÓRMULA DE *NETZACH*: COMO CRIAR SEU LEGADO

- Decida rápido – o caminho se revela na jornada.
- Ajuste a rota conforme necessário – não há certezas antes da ação.
- Busque mentores – evite erros já cometidos.

* Aceite os erros como aprendizado – o sucesso nasce do fracasso.
* Seja fiel aos seus princípios – um homem de valores não tem preço.

Netzach vem da raiz *Nitsachon*, que não significa apenas "vitória" – significa "vitória duradoura". Portanto, o seu legado começa agora. Você completou os Sete Portais da Cabalá nos Negócios e agora tem as ferramentas para transformar sua vida e seus negócios.

Você já pode construir um legado que será lembrado para sempre. Mas nada disso importa se você não agir. O conhecimento só tem valor quando aplicado.

O ÚLTIMO PORTAL É UM COMEÇO

Você pode estar encerrando um capítulo ao terminar esta leitura, mas o verdadeiro texto começa agora: aquele que você escreverá com suas ações, decisões e posturas.

Você carregará consigo os Sete Portais, e eles se tornarão suas lentes, sua bússola, sua essência. *Netzach* é o selo de tudo o que veio antes. É o chamado para que você se torne não apenas um aprendiz da Cabalá nos negócios, mas um emissário da eternidade nos caminhos do mundo.

Este livro pode chegar ao fim. Mas seu legado está apenas começando. Seu nome, seu impacto, sua luz – tudo isso está sendo escrito, hoje, pelas suas escolhas mais simples e mais verdadeiras.

Com fé, ação e verdade.

"*Netzach Yisrael lo yeshaker*" – "A eternidade de Israel não falhará." (Shmuel I 15:29)

O curso "Os 7 Portais da Cabalá nos Negócios" está disponível para você junto com outros cursos poderosos na Rav Sany Academy:

https://ravsany.com/

A Rav Sany Academy é um espaço de transformação e aprendizado contínuo. O que você aprendeu aqui pode mudar sua vida – se você decidir aplicar.

Agora é com você. Decida. Aja. E construa seu legado.

Sorria com alegria e viva com sabedoria!

Com carinho,

Rav Sany

Quando você age com coragem,
propósito e determinação,
seu nome se torna eterno.

Rav Sany

POSFÁCIO

CABALADORISMO: UMA PONTE ENTRE A CABALÁ E OS NEGÓCIOS

Caro leitor,

A vida é feita de encontros. Alguns são passageiros, outros transformadores. E há aqueles encontros que, por um propósito maior, unem dois mundos para criar algo novo, algo que desafia as regras estabelecidas e inaugura uma nova forma de pensar, sentir e agir.

Foi assim que nasceu o Cabaladorismo.

Sempre enxerguei o poder dessa fusão entre os princípios milenares da Cabalá e a alma indomável do empreendedorismo. Mas faltava um pilar essencial para dar corpo e alma a essa visão: uma figura que representasse, com autoridade e autenticidade, a força da fé judaica e seu impacto não apenas no espírito, mas também na maneira como conduzimos nossos negócios e nossas vidas.

E foi então que encontrei Rav Sany.

Desde o primeiro momento, compreendi que não era apenas um rabino. Era um mentor espiritual com uma visão além do seu tempo, alguém que carrega consigo o poder da tradição e a coragem da inovação. Alguém que, assim como eu, acredita que os negócios podem ser mais do que apenas números – podem ser veículos de transformação, expansão e propósito.

Desde então, Rav Sany se tornou meu guia, meu mestre espiritual, e cada um de nossos encontros se tornou um oceano de energia e vibração positiva, construtiva, transformadora e revolucionária. A troca entre nós dois é um laboratório de ideias, um campo fértil em que o espírito do empreendedor e a sabedoria da Cabalá se entrelaçam para criar algo único.

Foi essa troca que deu origem a este livro: *Os 7 Portais da Cabalá nos Negócios*.

Aqui, você não encontrará apenas um conjunto de conceitos filosóficos distantes da realidade. Pelo contrário, Rav Sany traz os ensinamentos profundos da Cabalá e os traduz em ferramentas práticas, objetivas e de linguagem acessível para o mundo dos negócios, quebrando paradigmas, rompendo tendências e revelando os segredos da mentalidade judaica para o sucesso.

Este livro é um convite para atravessar esses sete portais e compreender como a Cabalá pode ser aplicada para alcançar alta performance, sabedoria estratégica, resiliência e prosperidade consciente.

Se você, assim como nós, acredita que sucesso e espiritualidade podem andar juntos, que negócios podem ser feitos com alma e que a prosperidade verdadeira nasce da conexão entre propósito e ação, então este livro foi escrito para você.

Seja bem-vindo à revolução do Cabaladorismo.

Com admiração e entusiasmo,

Ricardo Bellino
Fundador e Mentor da Escola da Vida